KB267669

마음 챙김과 악필 교정을 동시에

하루 5분
· 명언 필사 ·
365

마음 챙김과 악필 교정을 동시에

하루 5분 명언 필사 365

초판 인쇄 2025년 11월 26일
초판 발행 2025년 12월 5일

지은이 타타오(한치선)
발행인 김태웅
기획 김귀찬
편집 유난영
표지 디자인 김지혜
본문 디자인 고희선
마케팅 총괄 김철영
제작 현대순

발행처 (주)동양북스
등록 제2014-000055호
주소 서울시 마포구 동교로22길 14(04030)
구입 문의 전화 (02) 337-1737 팩스 (02) 334-6624
내용 문의 전화 (02) 337-1763 이메일 dymg98@naver.com

ISBN 979-11-7210-160-2 13190

하루 5분 · 명언 필사 · 365

타타오(한치선) 지음

동양북스

매일 하루에 하나, 좋은 글귀를
또박또박 정자체로 쓰며
그날의 지침으로 삼아 보세요.

세상에는 수많은 말들이 떠돌아다니고 있습니다.

그 많은 말들은 대부분 생겨났다가 떨어지고 부식되며 잊혀 가지요.

하지만 유독 떨어지지 않고 썩지도 않으며 사람들의 가슴속에 생생하게 살아남은 언어의 다발이 있으니, 그것을 "명언"이라고 합니다.

명언은 '유명한 말'이라 하여 名言(명언)이기도 하지만, '밝은 지혜의 언어'로서 明言(명언)이라고도 할 수 있습니다. 그리고 '틀에 딱 맞게 만들어진 언어'라고 하여 格言(격언)이라고도 하지요.

동서고금을 막론하고 인류가 살아있는 지역에는 저마다 그곳의 정서와 지혜를 간직한 명언들이 남아있습니다. 이 책을 준비하는 동안 명언들을 모으고 추리는 과정에서 저 자신도 사유가 풍부해지고 내면이 깊어지는 것을 느낄 수 있었습니다. 고대 철학자의 말, 인디언들의 속담, 동방 현자들의 주옥같은 가르침 속을 향유하면서 긴 역사 속에 살아남은 금쪽같은 언어들은 참으로 진실되며, 살아갈 지혜와 힘이 담겨 있다는 것을 깨달았지요.

이 책은 이러한 명언 365개를 엄선하여 실었으며, 매일 하나씩 손으로 필사(筆寫)하는 것을 권하고 있습니다.

손은 밖으로 드러난 뇌라고 합니다. 손가락을 움직이면 뇌가 동시에 자극되며 같이 움직이기 때문이지요. 명언들을 눈으로 보고 직접 손으로 쓰다 보면 손과 뇌의 입체적인 연동이 일어나며 명언 속에 담긴 지혜가 온전히 내 것이 되고, 의식의 문이 열리는 장관을 맛보실 수 있을 겁니다.

그리고 기왕이면 반듯한 정자체로 쓰실 수 있도록 앞부분에 간단하게 정자체를 쓰기 위한 가이드를 실었습니다. 이 책을 보시는 독자님들께 삶의 지표가 될 만한 의미 있는 공부가 되길 바랍니다.

일러두기

본서에서는 최대한 고정관념 없이 명언의 핵심만을 각인하고자 각각의 저자 이름은 수록하지 않았습니다.

표현이 매끄럽지 못한 부분은 약간의 潤文(윤문)을 거쳐 담았습니다.

책 속의 QR코드를 통해 저자가 직접 명언들을 쓰는 영상을 보실 수 있도록 연결해 놓았습니다.

1 365개 중 순서

이 책의 명언은 365개입니다. 매일 명언 하나씩을 필사할 수 있도록 구성했습니다. '매일 조금씩 필사하기'와 같은 작은 목표를 꾸준히 실천하다 보면, 하루의 소중한 루틴이 됩니다.

2 원문

명언 원문을 읽어 보세요. 이 문장이 내게 어떤 의미인지 되새기는 과정은 내 삶을 돌아보고 나를 만나는 성찰의 기회가 됩니다.

3 따라 쓰기 가이드 유튜브 QR코드

해당 명언의 따라 쓰기 가이드가 유튜브 쇼츠로 제작되어 있습니다. 이 책의 저자 타타오 선생이 직접 방안지에 또박또박 써 내려간 영상을 통해 문장을 되새길 수도 있고 악필을 교정하는 지침으로 삼을 수도 있습니다.

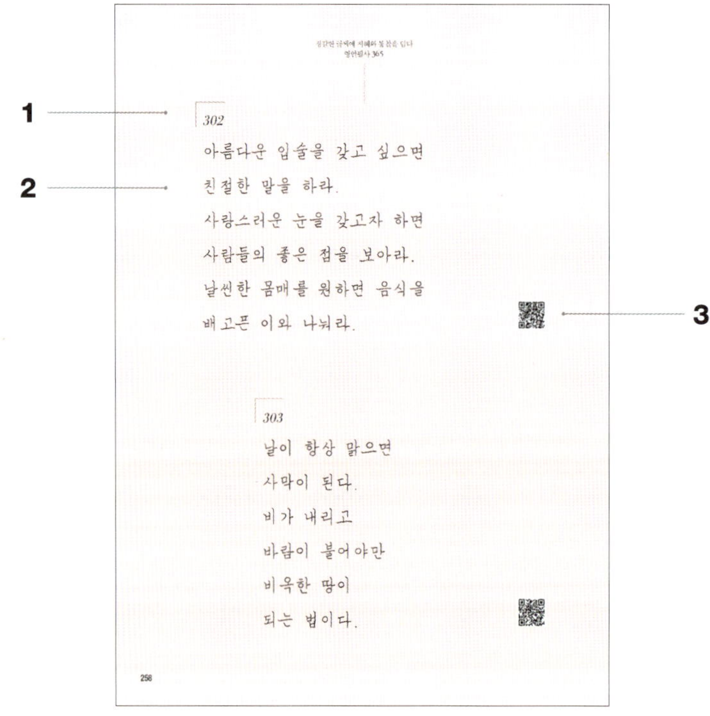

4 정자체 따라 쓰기

손 글씨를 잘 쓰려면 틀과 지도가 필요합니다. 이럴 때 내비게이션 역할을 해주는 것이 방안 노트입니다. 일정한 격자 속에 한글이 적절하게 담긴다면 아주 정갈하고 아름다운 글씨가 완성됩니다. 타타오 선생이 방안 노트에 정자체로 정갈하게 써 놓은 손 글씨 위에 글자 하나하나를 꼼꼼하게 덧입히듯 명언을 써 보세요. 악필이었던 사람도 꾸준한 필사를 통해 글씨체가 바르게 교정되는 기쁨을 누릴 수 있습니다.

아름다운 입술을 갖고 싶으면
친절한 말을 하라.
사랑스러운 눈을 갖고자 하면
사람들의 좋은 점을 보아라.
날씬한 몸매를 원하면 음식을
배고픈 이와 나눠라.

날이 항상 맑으면
사막이 된다.
비가 내리고
바람이 불어야만
비옥한 땅이
되는 법이다.

4

7

정자체를 쓰기 위한 가이드
— 방안지 활용법

동해물과 백두산이

마르고 닳도록

방안지는 일정한 격자 속에 글씨가 들어가기 때문에 초심자들이 정자체를
쓰기에 가장 적합한 종이라고 할 수 있습니다. 내려긋는 획을 최대한 방안
지의 세로획과 맞춰서 써 주면 보기 좋고 단정한 글씨를 쓰는 데에 도움이
됩니다. 이제 방안지 속에 글씨를 앉히는 방법에 대해 알려드릴게요.

동해물과 백두산이

마르고 닳도록

1 기본적으로 한 글자를 세로 두 칸에 넣어준다고 생각하시면 됩니다.
하지만 "르"나 "고"처럼 위아래가 짧은 글씨는 너무 꼭 채워 쓰지 않도
록 주의합니다.

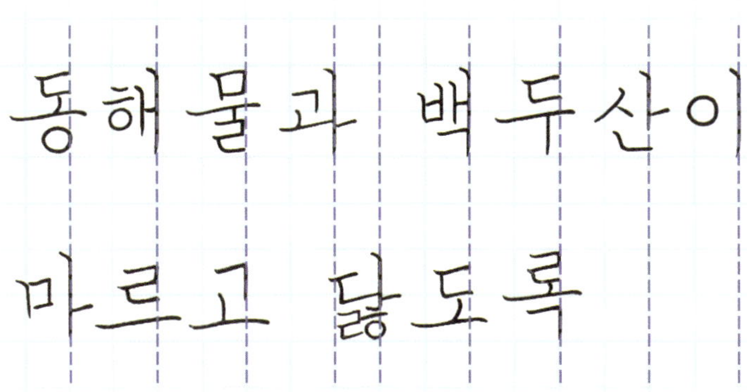

2 모든 글자의 기준은 우측 선입니다. 내려긋는 모음의 경우 우측 선에 맞춰 주시고, 옆으로 긋는 모음 글자의 경우는 자음을 우측 선에 기대어 써주면 통일감이 생깁니다. "빼"나 "께"와 같이 가로로 넓은 글자는 상당히 왼쪽에서 시작해줘야 마지막 내려긋기가 우측 선에 닿기 때문에 미리 잘 고려하며 써야겠죠?

3 한 글자와 다음 글자의 사이 "자간"은 방안지 한 칸을 띄어 주며, 이 공간은 앞 글자와 뒷글자의 공용 공간으로 활용하면 됩니다.

동해물과　백두산이

마르고　닳도록

4　띄어쓰기는 방안지 두 칸입니다. 줄 바꿈을 할 때에는 쓰고자 하는 글
의 내용이나 길이에 따라 한 칸이나 두 칸을 띄어도 무방합니다.

방안지 활용법 영상으로 보기

차례

머리말   4

이 책의 활용법   6

정자체를 쓰기 위한 가이드 – 방안지 활용법   8

1 별빛을 찾는가, 촛불을 꺼라.

2 빨리 가려거든 혼자 가라. 멀리 가려거든 함께 가라.

3 선인에게도 악인에게도 비는 오고 해는 떠오른다.

4 백 번 쓰면 이뤄지고, 만 번 말하면 현실이 된다.

5 우리가 사는 땅은 조상으로부터 물려받은 것이 아니라 우리 아이들로부터 빌려온 것이다.

6 이별이 두려워 사랑하지 않는 사람은 죽는 게 두려워 숨 쉬지 않으려는 사람과 같다.

7 우는 것을 두려워 말라. 눈물은 마음의 아픔을 씻어내는 약이다.

8 물고기를 주지 말고 물고기 잡는 법을 가르쳐줘라.

9 내 뒤에서 걷지 마라. 난 그대를 이끌고 싶지 않다. 내 앞에서 걷지 마라. 난 그대를 따르고 싶지 않다. 내 옆에서 걸어다오. 우리가 가는 길 외롭지 않게-

10 한 번 일어난 일은 두 번 다시 일어나지 않을 수 있다. 하지만 두 번 일어난 일은 반드시 다시 일어난다.

11 정상에 오르거든 반드시 뒤를 돌아보고 너의 영혼이 따라오는지 확인하라. 영혼이 보이지 않거든 잠시 숨을 고르고 기다려라.

12 눈에 눈물이 말라버리면 영혼 위에 무지개가 뜨지 않는다.

13 지나친 즐거움은 몸을 망치고, 넘치는 쾌락은 덕을 잃는 일이니 늘 조금 모자람으로 족할 줄 알아야 한다.

14 말이 많으면 쓸 말이 적다. 그래서 귀는 늘 열려 있지만 입은 닫을 수 있게 만들어진 것이다.

15 내 안에는 악한 늑대가 있고 착한 개가 있다. 누가 이길 것인가? 내가 먹이를 주는 쪽이 이긴다.

16 먼저 인간의 도리를 다하고 여력이 있으면 학문을 닦아라.

17 들은 것은 잊기 쉽고 본 것 또한 잊어버린다. 하지만 해본 것은 잊지 않는다.

18 조금 적게 먹고 조금 적게 말하면 삶에 별 문제가 없으리라.

19 가장 풍부한 의미가 담긴 것은 침묵이다.

20 내 땀과 노력이 스며들지 않은 것은 내 것이 아니다. 자신의 것이 아닌데 바란다면 탐욕이다.

21 만물에 감사하라. 그러면 만물이 내게 경의를 표할 것이다.

22 깊은 사랑을 가진 이는 반드시 순하고 착한 용모가 있다.

23 소가 먹은 것은 우유가 되고, 독사가 먹은 것은 독이 된다. 당신이 먹은 것은 무엇이 되어 나올 것인가?

24 다른 사람을 비난하지 말라. 그 비난의 파동이 우주를 돌아 다시 내게 돌아 오리니.

25 진정으로 평화를 원한다면 평화롭게 생각하고, 평화롭게 말하고, 평화롭게 살아야 한다. 논쟁의 낚싯대를 아무리 던져봤자 그 바늘 끝에는 쓰레기만 걸려 나올 것이다.

26 작은 언행을 조심하지 않으면 큰 덕을 무너뜨리게 된다.

27 인간은 실수하게 마련이며 용서받지 못할 실수란 없다. 다만 스스로 그 실수를 용서하지 말라.

28 주먹을 불끈 쥐면 누군가를 아프게 하지만 두 손을 펴 기도하면 서로를 살리게 된다.

29 네가 세상에 태어났을 때 너는 울고 세상은 즐거워했다. 네가 세상을 떠날 때 세상은 울고 너는 즐거워할 수 있도록 살아라.

30 내 앞에 놓인 음식에 감사와 사랑을 보내라. 그러면 곧 감사와 사랑이 온몸에 퍼져갈 것이다.

31 내가 만나는 모든 이는 나를 비춰주는 거울이다.

32 내 앎과 신념을 남에게 강요하지 말라. 내 옷이 남에겐 맞지 않을 수 있다.

33 악인의 악행은 선인의 선행을 위한 자료가 된다.

34 아무도 당신을 기억하지 않는다. 오로지 당신이 걸어간 그 길을 기억할 것이다.

35 이 세상에 공짜는 없다.

36 진정 진실한 대답을 얻고 싶은가? 당신의 가슴 가장 깊은 곳에서 물어라.

37 출세를 해도 영광으로 여기지 말고, 곤궁해도 그 처지를 부끄러워 말아라.

38 모든 문제의 원인은 내 안에 있고, 열쇠 또한 내 안에 있다.

39 어제나 내일 때문에 오늘을 다 보내지 말라. 실은 오늘밖에 남지 않았다.

40 멋진 나무가 되려거든 혼자 서라. 푸른 숲이 되려거든 함께 서라.

41 그 사람의 신발을 신고 오래 걸어보기 전까지는 그 사람을 판단하지 마라.

42 배움의 길이 끊어지면 금방 늙고 만다.

43 무언가를 얻고 싶거든 그것을 위해 무엇을 버릴 것인지 먼저 결정하라.

44 하늘을 원망하지 말고 남을 탓하지 말라. 나를 해칠 수 있는 것은 하늘도, 남도 아닌 까닭이다.

45 고통은 피하려 해도 벗어날 수 없으니 배를 타고 당당히 고통의 강을 건너라.

46 남을 이기는 자를 힘 있다 하고, 자신을 이기는 자를 강하다 한다. 힘 있기 보다는 강한 사람이 되라.

47 행복한 삶을 위해 필요한 것은 거의 없다.

48 가족에게 신뢰를 잃은 이와는 친구 되지 않는 것이 현명하다.

49 전생이 궁금한가? 금생을 보라. 내생이 궁금한가? 금생을 보라.

50 어리석은 이는 멀리서 행복을 찾고, 현명한 이는 발치 에서 행복을 키워간다.

51 실패와 포기를 혼동하지 말라. 실패는 디딤돌이 되어 주지만 포기는 싱크홀이다.

52 몸을 닦지 않으면 금방 더러워지고, 마음을 늘 닦지 않으면 언행마다 악취가 난다.

53 오랫동안 꿈을 그리는 이는 어느덧 그 꿈과 닮아간다.

54 행복도, 불행도 하나의 습관이다. 이왕이면 좋은 습관을 지녀야 한다.

55 내 인생의 여정에 누구나 같이 걸어갈 수는 있지만 누구도 내 길을 대신 가주지는 못한다.

56 고통이 지나간 길을 보라. 그 길에는 반드시 기쁨이 스며든다.

57 이 세상에 우연은 없다. 우연처럼 다가오는 필연이 있을 뿐-

58 인간은 늘 시간이 모자라다고 불평하면서 막상 시간이 무한정한 것처럼 살아간다.

59 나는 누구인가 물으라. 내 본체가 선명하고 위대하게 드러날 때까지-

60 행복은 크고, 많고, 화려한데에 있지 않다. 단순함과 간소함 속에 숨쉬고 있다.

61 한 걸음 뒤로 물러서면 다른 세상이 열린다.

62 세상은 정치나 과학이 이끌어 가지 않는다. 당신의 마음이 이끌어가는 것이다.

63 누가 나를 지적하고 질책하는가? 그가 나의 스승이다.

64 늘 남을 먼저 배려하라. 그러면 모든 이가 나를 먼저 배려할 것이다.

65 재산을 잃은 이는 조금 잃은 것이며, 신용을 잃은 이는 거의 잃은 것이고, 용기마저 잃은 이는 다 잃은 것이다.

66 돈이란 바닷물과 같아서 마실수록 목이 타오르는 법이다.

67 하늘은 크게 쓸 사람에게 고통과 시련을 주어 더 강하게 만든다.

68 고개 숙이지 말라. 고개를 들어 세상을 정면으로 바라보라.

69 사막이 아름다운 건 어딘가 샘이 숨겨져 있기 때문이다.

70 처음을 조심하고 끝까지 초심을 잃지 않으면 반드시 성공한다.

71 무사할 때 평안하긴 쉬우나 고난이 닥쳤을 때도 동요하지 않아야 진정한 대인이다.

72 참지 못할 것 같아도 참을 수 있고, 해내지 못할 것 같아도 해낼 수 있으니 한번 해 보라.

73 탐욕은 가난한 자의 특징이며, 만족은 풍요로운 이의 특징이다.

74 오늘이 마지막이라고 생각하고 살아라. 진실로 오늘은 다시 돌아오지 않는다.

75 할 수 있다고 믿든 할 수 없다고 믿든 당신이 옳다.

76 지금의 당신은 자신이 선택한 것이다. 마음에 들지 않으면 새롭게 선택하라.

77 작고 사소한 일로부터 위대한 변화는 시작되곤 한다.

78 인생이라는 학교에는 시련이라는 스승이 있다. 덕분에 우리는 성장한다.

79 세상에는 고통이 가득하지만 또 그것을 극복하는 사람들로도 가득하다.

80 운이 따라주지 않는가? 뜨거운 열정으로 운명을 재구축하라.

81 문제는 목적지에 얼마나 빨리 가느냐가 아니라 목적지가 어디인가 하는 것이다.

82 최고에 도달하려거든 최저에서 시작해보라.

83 믿음은 생각이 되고, 생각은 말이 되며, 말은 행동이 되고, 행동은 습관이 된다. 습관은 가치가 되며, 가치는 운명이 된다.

84 자신의 행동에 지극한 사랑을 쏟아부어라. 그 행동은 위대해 질 것이다.

85 꽉 차면 비워지기 시작하고, 텅 비면 차오르기 시작한다. 고통과 안락도 그렇다.

86 먹고 싶은 걸 다 먹을 수 있고, 갖고 싶은 걸 다 가진다 면 무슨 재미인가? 내가 가진 경계선 너머가 꿈을 주는 것이다.

87 원하는 것을 얻기 위한 첫번째 단계는 내가 무엇을 원하는지 결정하는 것이다.

88 실수를 겁내지 말고 뿌려라. 그 중에서 어느덧 성공의 싹이 틀 테니.

89 당신은 어떤 사람이고자 하는가? 그 존재목적을 세우는데 늦은 때라는 건 없다.

90 불행을 떠올릴 시간에 몰두하라.

91 추위에 떨어본 사람이 태양의 따스함을 알고, 인생의 고달픔을 맛본 사람이 생명의 존귀함을 느낀다.

92 실패는 잊어라. 하지만 그것이 준 교훈은 절대로 잊지 말라.

93 친절한 말과 품위 있는 행동은 반드시 아름다운 결실을 맺는다.

94 낙숫물이 돌을 뚫는다. 그건 영원히 진실이다.

95 내 몫이 아닌 것에 곁눈질하지 말고 내 것을 위해 할 수 있는 것을 하라.

96 별을 잡으려 손을 내밀다가 발 밑의 꽃을 밟아버리지 말라.

97 삶을 빛나게 하는 것은 사랑하는 대상이 아니라 사랑 그 자체이다.

98 고심하여 쥐어짜는 생각보다 느닷없이 떠오르는 생각이 소중한 것이니 그것을 잘 보관하라.

99 인정하고 격려해주면 누구나 능력을 발휘한다. 나 자신도 그렇다.

100 쇠가 달아 있을 때 두들겨라. 하지만 더 좋은 것은 쇠를 두들기고 두들겨서 달아오르게 하는 것이다.

101 사람들은 행복의 문이 하나 닫힐 때 그걸 보고 탄식하느라 새로운 문이 열리는 것을 놓치곤 한다.

102 저 밖의 모든 것은 당신 내면에 존재한다. 한 방울의 물 속에 바다의 모든 비밀이 녹아 있듯이.

103 사람은 산에 걸려 넘어지는 게 아니라 작은 돌부리에 걸려 넘어진다.

104 인간은 방랑을 동경하면서 또 고향을 그리워한다.

105 많은 사람이 진리와 아름다움과 사랑을 찾아 헤맨다. 하지만 그들은 빈손으로 돌아온다. 그것을 남이 줄 것으로 기대했기 때문이다.

106 영웅이란 보통 사람보다 용기가 많은 사람이 아니다. 다만 다른 사람보다 5분 정도 오래 용기를 지속시킬 수 있을 뿐이다.

107 인생을 사랑하는가? 그렇다면 시간을 사랑하라. 인생은 시간이라는 벽돌로 이루어진 성이기 때문이다.

108 아내를 행복하게 해주고, 아이들에게 존경받는 남자는 어디에서나 인정을 받는다.

109 남의 고칠 점을 찾는 그 예리한 시선으로 내 허물을 찾아라.

110 내가 바라는 것이 있다면 내가 있음으로 인해 세상이 좀 더 좋아졌다는 것을 보는 것이다.

111 사람의 얼굴은 한권의 책이며, 생명의 역사이며, 장대한 풍경이다. 얼굴은 거짓말을 하지 않는다.

112 진실한 말은 장식이 필요치 않고, 화려하게 꾸민 말에는 진실이 담기지 않는다.

113 실패는 고통스럽다. 하지만 최선을 다하지 못했음을 깨닫는 것은 훨씬 더 고통스러운 것이다.

114 좋은 충고는 하기도 어렵지만 받아들이기는 더욱 어려운 법이다.

115 올바른 도덕심은 나침반만큼이나 믿을 수 있다.

116 말과 행동을 일치할 수 있는가? 그렇다면 당신은 잘 살았다 하리라.

117 건강을 지킬 수만 있다면 나이 드는 것이 젊음을 유지하는 것보다 낫다.

118 큰 꿈을 가진 사람이 좋은 여건을 갖춘 사람보다 더욱 강한 힘을 발휘할 수 있다.

119 가까운 곳이라도 발을 떼지 않으면 이르지 못하고, 작은 일이라도 행하지 않으면 성취하지 못한다.

120 말은 쉽고 행하기는 어려우니 말은 자중하고 행동은 과감하게 하라.

121 우아하게 늙어가는 비결은 언제나 새로운 사람을 만나고, 새로운 곳을 구경하려는 열정을 간직하는 것이다.

122 밖으로는 마땅히 관대할 것이며, 안으로는 마땅히 분명해야 한다.

123 왕이건, 대부호이건, 농부이건 자기 가정에 웃음꽃 피는 이가 가장 행복한 사람이다.

124 당신이 하루 종일 무엇을 생각하는지가 당신의 일생을 이룬다.

125 남이 그대를 배반할지라도 그대는 남을 배반하지 말라.

126 행복은 작은 일에 대하여 즐거움을 느끼는 능력에 따라 좌우된다.

127 학문이 정신을 기르고, 그 정신이 몸을 기른다.

128 사소한 결정은 머리로 하고, 중요한 결정은 가슴으로 하라.

129 먼 곳을 향하는 배가 편안할 수 만은 없다. 풍파는 언제나 전진하는 자의 벗이다.

130 아주 나쁜 일이나 아주 좋은 일, 둘 중 어떤 것도 오랫동안 지속되지는 않는다.

131 큰 물고기는 냇물에서 놀지 않는 법이다.

132 가정을 다스리려면 먼저 자신의 행동을 바르게 하라.

133 이별의 시간이 되기까지는 사랑은 그 깊이를 스스로 알지 못한다.

134 자신을 비춘 거울을 보려거든 바깥의 사람들을 보고, 자신을 보려거든 눈을 감아라.

135 여러 사람이 아니라고 해도 잘 살펴야 하고, 여러 사람이 맞다고 해도 잘 살펴야 한다. 세상의 이치가 하늘의 이치와 반대인 경우가 많기 때문이다.

136 남에게 고통을 주면 고통이 돌아오고, 선을 주면 선이 돌아오는데 아무리 피하려 해도 그건 소용이 없다.

137 새의 깃털은 가벼우나 무거운 그 몸을 날게 한다.

138 타인에게는 봄바람처럼 온화하게, 자신에게는 눈서리처럼 냉혹하게 하라.

139 위대한 성취는 남보다 15분 더 견디는 쪽에게 돌아가는 법이다.

140 우리는 얻음으로써 생계를 유지하고, 베풂으로써 인생을 살아간다.

141 화가 나면 반응하기 전에 열을 세어라. 그래도 안 풀리면 백까지 세어라. 그래도 안 풀리거든 천까지 세어라.

142 사랑하는 사람과 헤어질 때는 항상 사랑한다는 말을 해주도록 해라. 그것이 서로를 보는 마지막 순간일 수도 있다.

143 화살이 빗나갔다고 남을 탓할 것인가? 자기 자신을 먼저 바르게 한 후에 다시 화살을 메길 따름이다.

144 도리에 어긋나는 길로 들어온 재물은 또 그런 길로 새나가는 법이다.

145 왕과 동행할 때 마음이 떨리지 않고, 거지와 함께 있을 때 그를 업신여기지 않는다면 당신은 인격자다.

146 인간으로 살아간다는 것은 울고, 웃고, 애써 시도하고, 넘어지고, 다시 일어남을 뜻한다.

147 가장 소중한 것은 보이지도 들리지도 않는다. 그것은 가슴으로만 느낄 수 있다.

148 진정한 매력은 적극적이고 상냥한 태도에서 우러나오는 것이다.

149 인생은 예측이 불가하고 그것이 또 삶의 맛이다.

150 물의 근원이 맑으면 하류도 맑고, 근원이 흐리면 하류도 흐리다. 마음도 그러하다.

151 만약 당신이 실패를 경험하지 않았다면, 당신은 필요한 만큼의 모험을 하지 않았던 것이다.

152 압박과 도전 같은 모든 어려운 것들은 나를 반등하게 한다.

153 후회하지 않고 언제나 꿈을 간직하는 한, 영원히 나이를 느끼지 않는다.

154 하늘의 뜻을 아는 이는 어려움을 당해도 하늘을 원망하지 않는다.

155 나를 먼저 바로 하고, 남을 먼저 배려하라.

156 즐거움을 완전히 누리기 위해서는 함께 나눌 누군가가 있어야 한다.

157 오늘 하루가 마지막이라고 여겨라. 그러면 시간은 번쩍이며 확장될 것이다.

158 궁색해도 바른 뜻을 잃지 말고, 출세해도 정도를 지나치지 말아야 한다.

159 스스로 배우는 사람으로부터 많은 것을 배울 수 있다.

160 눈물 젖은 빵을 먹어보지 않은 이는 인생의 참맛을 모른다.

161 천리길도 한걸음이 중요하니, 처음 시작할 때의 노력이 그만큼 소중한 것이다.

162 마음 속에 덕이 있는 이는 반드시 그 말이 선량하다.

163 세월이 흘러도 흐려지지 않는 슬픔은 하나도 없다.

164 큰 일을 당했다면 내 품을 넓혀서 그 일이 작아지도록 해라.

165 타인의 행복을 위해서 해야 할 것을 하라. 이것이 나의 행복을 위한 길이다.

166 만약 우리가 할 수 있는 일을 다 해낸다면 우린 아마도 깜짝 놀랄 것이다.

167 자신의 행복을 다른 사람에게 의존한다면 당신은 끊임없이 실망하게 될 것이다.

168 세월은 본래 길지만 바쁜 자는 스스로 줄이고, 천지는 본래 넓지만 천한 자는 스스로 좁히며, 바람과 꽃은 본래 한가로운 것이나 악착 같은 자는 스스로 분주하게 만든다.

169 때가 오면 모든 것이 분명해지는 것을 보면 시간은 분명 진리의 아버지다.

170 위대한 햇빛도 초점이 하나로 모아져야만 불을 피워낸다.

171 사람들은 시간보다 돈을 귀하게 여기지만 돈이 아무리 많아도 시간 한 토막을 살 수 없다.

172 당신의 하루를 작은 성공으로 물결치게 하라.

173 하루의 가장 달콤한 시간은 동트기 전의 새벽에 있다.

174 첫 마음을 끝까지 지켜가면 무엇이든 가히 어렵지 않으리라.

175 최고의 교육은 몸소 모범을 보이는 것이다.

176 과거는 묻어버리고, 미래를 기대하지 말며, 그저 현재에 행동하라.

177 시간의 걸음걸이에는 세가지가 있다. 미래는 주저하며 다가오고, 현재는 화살처럼 날아가며, 과거는 영원히 멈춰 있다. 당신의 걸음걸이는 어떠한가?

178 오늘 계란 하나를 가지느니 내일 암탉 한 마리를 가지는 게 현명하다.

179 시간을 잘 이용하지 못하면 언제나 시간에게 쫓긴다.

180 일년 후면 다 잊을 슬픔과 분노와 억울함을 담아놓느라
소중한 마음의 보물상자를 허비하고 있지는 않은가?

181 주머니가 작으면 큰 것을 담을 수 없고, 짧은 줄로는
깊은 우물물을 퍼 올릴 수 없다.

182 고통이 그대 삶에 밀려와 소중한 것들을 쓸어가
버릴 때 가슴에 손을 대고 말하라.
'이 또한 지나가리라.'

183 당신이 되고 싶던 존재가 되기에 지금도 결코 늦지
않았다.

184 탐욕은 천개의 손을 뻗어 잡고자 하나 집착을 쉬어
작은 것에 만족하라. 그러면 손에 가득 모여들 것이다.

185 반복해서 하는 행동이 나를 이룬다. 탁월함이라는
것도 행동이 아니라 습관이다.

186 피할 수 없다면 즐겨라.

187 백 권의 책에 쓰인 말보다 한가지 참된 마음이 사람을
움직인다.

188 여러 번 실패했다면 난 여러가지 잘 안되는 법을
발견한 것이다.

189 희망을 품지 않는 자는 절망할 자격도 없다.

190 당신이 할 수 있는 가장 큰 모험은 바로 당신이
꿈꾸던 삶을 사는 것이다.

191 이 세상에 위대한 사람은 없다. 단지 평범한 사람이
일어나 맞서는 위대한 도전이 있을 뿐이다.

192 우리는 실패를 두려워할 것이 아니라 인생에서 진정
중요치 않은 것들에 성공하는 것을 두려워해야 한다.

193 성공의 비결은 단 한가지, 잘 할 수 있는 일에 제대로
미쳐보는 것이다.

194 세상에서 가장 현명한 이는 모든 사람으로부터
배우는 사람이다. 또 가장 사랑받는 이는 다른 이를
칭찬하는 사람이다. 그리고 가장 강한 이는 자신의
감정을 조절할 수 있는 사람이다.

195 목표가 내 키를 넘어서면 야망이라 하고, 목표에
계획이 있으면 도전이라 하며, 목표에 계획이 없다면
꿈이라 한다. 우리에게는 그 중 무엇이라도 있어야
한다.

196 단순하게 살아라! 사람들은 의미 없는 절차 때문에
얼마나 삶을 복잡하게 만드는가?

197 내가 나를 충실하게 믿을 때 온 세상이 나를 신뢰하게
된다.

198 당신에게 최고의 모습을 기대하는 사람과 만나라.
그가 당신 일생의 귀인이다.

199 소심하게 하나하나 고민하지 말라. 모든 인생은
실험이며 실험할수록 점점 더 나아지는 법이다.

200 그대 인생의 배는 멈춰 있는가? 열정의 바람으로
배를 떠나게 하라.

201 거짓말쟁이에게 주어지는 최대의 벌은 그가 진실을
말했을 때에도 사람들이 믿어주지 않는 것이다.

202 성공은 행복의 열쇠가 아니다. 하지만 행복은
성공의 열쇠이다.

203 누군가 그 일을 해내기 전까지는 그 일은 불가능한
일이었으리라.

204 선을 행할 때는 그것이 초래하는 어려움과 그것이
가져다줄 행복을 저울질해보고, 악을 행할 때도
그 일시적인 쾌락과 그 뒤를 따를 불행을 함께
저울에 올려보라.

205 술이 입으로 들어가면 비밀이 밖으로 밀려나온다.

206 지혜로운 이는 체득한 것을 이야기하지만 어리석은
이는 들은 것을 옮기곤 한다.

207 달도 가득 차면 기울어지는 법, 절정을 누리려
애쓰지 말라.

208 남을 헐뜯으면 세 사람을 죽인다. 자신과 상대방,
그리고 듣는 사람이다.

209 아이에게 무엇을 약속하고 지키지 않는 것은 아이에
게 거짓말하는 법을 알려주고 있는 것이다.

210 의심이 나거든 그 사람을 쓰지 말고, 이미 썼거든
의심하지 말라.

211 자식은 부모의 말을 들으려 하지 않는다. 다만 부모의
뒤통수를 보고 따를 뿐이다.

212 책을 읽고 깊이 생각하지 않는다면 당나귀가 책을
싣고 가는 것과 다를 바 없다.

213 누구나 일생 받을 복의 총량은 정해져 있다. 어찌
복권이나 요행으로 그것을 탕진하려 하는가?

214 눈에 보이지 않는 것이 두려운가? 마음에 보이지
않는 것이 더 무섭다.

215 태산은 흙 한줌을 소중히 여기기에 큰 산을 이룬
것이다.

216 입이 하나이고 귀가 둘인 이유는 말하기보다 듣기를
두배로 하라는 뜻이다.

217 높은 자리에 앉을 수 있더라도 몇 칸 낮은 자리에
앉아라. 스스로를 높이면 남의 표적이 되지만 자기를
낮추면 사람들이 알아서 높여준다.

218 죽기 전에 하루정도는 반드시 참회해야 한다.
그러므로 우리는 평생 참회하며 살아야 한다. 언제
죽을지 모르므로.

219 인생에서 가장 큰 영광은 넘어지지 않는 게 아니라
매번 일어선다는 데에 있다.

220 사랑은 확인하지 않으며, 다만 끝없는 지지를
보내주는 것이다.

221 가벼이 승낙하지 말고, 승낙했거든 반드시 지켜라.

222 작은 것에 이기려 애쓰지 않아야 큰 것을 얻을 수
있다.

223 말은 뜻을 전하면 족하다. 많은 말은 오히려 그 뜻을
묻어버린다.

224 진정한 사랑을 바란다면 순탄하기만을 바라지 말라.
진정한 행복도 마찬가지다.

225 모든 발전은 안전구역 밖에서 이루어진다.

226 자기가 가장 되고픈 사람과 어울려라. 당신의 미래는
어울렸던 사람들의 평균값일 것이다.

227 돈은 휘발유와 같은 것이다. 내 인생의 차를 달리게
하지만 주유소를 찾기 위해 인생을 사는 것은 아니다.

228 질병은 입으로 들어가고 재앙은 입에서 나오곤 한다.
그래서 입을 지키는 것이다.

229 행복이란, 타인을 행복하게 해주다 보면 문득 이르러
있는 파라다이스다.

230 듣다 보면 지혜가 영글고, 주절대다 보면 후회가
싹튼다.

231 지나간 하루는 다시 오지 않고, 흘린 시간은 주워담을
수 없다.

232 말을 많이 하는 것과 말을 잘 하는 것은 다르다.
그것도 아주 많이 다른 것이다.

233 힘으로 사람을 복종시키려 말고, 덕으로 사람을
고개 숙이게 하라.

234 작은 일에 참지 못하면 큰 일이 주어지겠는가?

235 행동은 남보다 먼저 하고, 말은 남보다 뒤에 하라.

236 힘으로 유지해야만 하는 모든 것은 알고 보면
불운이며 재앙이다.

237 세가지 보배를 준다면 이것이니 자비와 검약과
겸허함이다.

238 노인인데 웃지 않는다면 그 일생은 잘못 산 것이
아니겠는가?

239 죄는 미워하되 그 사람은 사랑하라. 그렇다면
사랑하지 못할 사람이 누구인가? 그런 사랑을
자비라 한다.

240 버들가지는 약하나 다른 나무를 묶는다.

241 살아가는 기술이란 하나의 목표를 잘 골라 그곳에
전력을 쏟아붓는 것이디.

242 들이마신 숨은 언젠가 뱉어야 한다. 돈, 명예, 권력도
마찬가지다.

243 인생에서 고통을 줄이는 묘법이 있으니 이익에 대해
관심을 대폭 줄이는 것이다.

244 한때의 분노를 참으면 백일의 근심을 모면하게 된다.

245 게으름은 쇠붙이의 녹과 같아서 노동보다 더 심신을
소모시킨다.

246 지금의 기회는 잠시 머무는 새와 같아서 한 번
날아가면 다시는 돌아오지 않는다.

247 도박이나 복권은 불확실한 것을 얻기 위해서 확실한
것을 거는 내기다.

248 멀리 사려하지 않으면 가까운 날에 근심이 다가온다.

249 한 번 실수하는 것보다 두 번 묻는 것이 낫다.

250 내가 가진 가장 좋은 것을 세상에 줘라. 그러면 최상의
것이 내게 돌아오리라.

251 무지는 수치가 아니다. 배우려 하지 않는다면
그것이야말로 수치스러운 것이다.

252 남을 따르는 법을 알지 못하는 이는 남을 지도할 수
없다.

253 나사를 열심히 돌리는 것보다는 어떤 방향으로
돌리느냐가 중요하다.

254 만약 그 용기가 정당한 것이라면 무엇도 이길 수
있으며 무엇도 해낼 수 있다.

255 상대가 요청하기 전에 함부로 충고하지 말라.
세상에서는 그것을 일러 흔히 '무례'라고 한다.

256 우주를 한 사람으로 축소시키고, 그 한 사람을 신으로
확장하는 것이 사랑이다.

257 친절한 한마디는 봄볕보다 따사롭다.

258 운동으로 육체를 다스리듯이 독서로 정신을 다스려라.

259 진정 큰 것을 이루려는 자는 자존심도 접을 수 있어야
한다.

260 무소유란 아무것도 가지지 않는 것이 아니라
불필요한 것을 가지지 않는 것이다.

261 생각이 적은 사람일수록 떠드는 게 많아진다.

262 내 삶을 남과 비교하지 말고 내 꿈과 비교해보라.

263 한가지 이익을 찾아 추구하는 것보다 한가지
해로움을 찾아 없애는 게 좋다.

264 대문자만으로 된 책은 읽기 어렵다. 휴일밖에 없는
인생도 그와 같다.

265 훌륭한 어르신이란 나이가 많은 이가 아니라 지혜가
깊어진 분을 뜻한다.

266 내 언어의 한계는 내 세계의 한계를 의미한다.

267 매일 단 한가지라도 더 나아지도록 하라. 그러면
당신은 새로워진 것이다.

268 하늘을 공경하고, 땅을 소중히 하며, 사람을 사랑하라.

269 아주 짧은 시간이라도 가볍게 여기지 말라. 계절이
바뀌는 것도 아주 짧은 시간일 것이다.

270 근면함을 한결같이 하면 세상에 어려운 일이 없다.

271 구부러진 나무를 심어놓고 그 그림자가 곧길 바라지
말라.

272 부끄러움을 모르는 것만큼 부끄러운 것이 없다.

273 매일 밤 잠들면서 나는 죽는다. 그리고 매일 아침 나는
다시 태어난다.

274 오늘이 마지막인 듯이 살고 영원히 살 것처럼 배워라.

275 사실을 잘못 아느니 모르는 편이 낫다.

276 사람의 얼굴은 마음의 간판이고, 그의 매무새는
삶의 기록이다.

277 진리를 보려거든 조각조각 보려 하지 말고
전체를 보라.

278 주먹을 꽉 쥔 손과는 악수할 수 없다.

279 생각 없이 살다 보면 살아지는 대로 생각하게 된다.

280 구름이나 소나기가 없이는 결코 무지개가 뜨지
않는다.

281 모든 공포는 믿음의 결핍으로 생긴다.

282 죄의 절반은 고백함으로써 용서받는다.

283 과거를 후회하는 것과 미래를 두려워하는 것은
우리에게 주어진 기회를 약탈하는 도둑이다.

284 아침에 당신을 벌떡 깨울 수 있는 꿈을 가져야 한다.

285 역경이 닥치기 전에는 자신의 능력을 모른다.

286 어떤 문제나 괴로움에도 듣는 명약이 있으니 그것을
'인내'라고 한다.

287 행복을 추구하는 일은 불행의 원인 중 하나다.

288 진정한 영업은 고객이 물건을 구매한 후부터
시작된다.

289 행복지수는 비교지수와 반비례한다.

290 집에 돈을 많이 쌓는 것보다 머리에 좋은 책을 많이
쌓는 것이 낫다. 그것은 누구도 훔쳐가지 못한다.

291 진실만큼 아름다운 것이 없고, 진실만큼 영원한
것도 없다.

292 작게 시작하라. 그것이 가장 빨리 성공하는 길이다.

293 마음에 있지 않으면 보아도 보이지 않고, 들어도
들리지 않으며, 먹어도 그 맛을 알지 못한다.

294 사람들은 해답을 알지만 부정하고 싶을 때 조언을
구한다.

295 평생 착하게 살아도 한번 말 잘못하면 무너진다.

296 사랑의 종류는 하나 밖에 없다. 하지만 그 표현은
수만가지가 넘는다.

297 빛을 퍼뜨리는 두 가지 방법이 있다. 촛불이 되거나
촛불을 비추는 거울이 되는 것이다.

298 잔잔한 바다에서는 유능한 선장이 만들어지지
않는다.

299 정원은 꽃으로 채우고 집은 책으로 채워라.

300 계란은 남이 깨주면 계란프라이가 되지만 스스로
깨고 나오면 병아리가 된다.

301 자비는 모든 시간을 재구성하고 모든 것을 새롭게
만든다.

302 아름다운 입술을 갖고 싶으면 친절한 말을 하라.
사랑스러운 눈을 갖고자 하면 사람들의 좋은 점을
보아라. 날씬한 몸매를 원하면 음식을 배고픈 이와
나눠라.

303 날이 항상 맑으면 사막이 된다. 비가 내리고 바람이
불어야만 비옥한 땅이 되는 법이다.

304 행복을 생산하는 공장이 있다면 그 공장을 가동하는
원료는 웃음이다.

305 일상을 바꾸지 않는 한 인생은 바뀌지 않는다.

306 즐거운 곳에서의 즐거움은 참다운 즐거움이 아니며,
어려움 가운데 즐거움이 생의 참맛이다.

307 깊은 물은 돌을 던져도 출렁대지 않는다.

308 재능은 한계가 있지만 노력은 한계가 없다.

309 누구도 미워하지 말고 누구에게도 집착하지 말라.
그것이 처세의 핵심이다.

310 남 모르게 덕이 있는 이는 밝은 보답이 있고, 남 모르게
선을 행하는 이는 반드시 빛나는 명예가 온다.

311 속인의 삶이 헤매는 것이라면 현자의 삶은 여행하는
것이다.

312 초기의 두려움을 두려워해서는 안되며, 오래
지속되는 안정을 믿지 말라.

313 남의 비난을 막으려면 나를 닦아야 한다. 그러면
비난받지 않을뿐더러 비난이 날아와도 아프지 않다.

314 큰 부자는 하늘이 내고, 작은 부자는 근면이 낸다.

315 자신을 낮추라. 그러면 거꾸러질 자리가 없다.

316 친구를 갖는다는 것은 하나의 인생을 맞아들이는
것이다.

317 꽃은 반쯤 피었을 때가 아름답고, 술은 반쯤 취했을
때가 가장 좋다.

318 지위가 없음을 걱정하지 말고 지위를 얻을 실력이
있는지를 걱정하라.

319 훔쳐도 좋은 것이 있으니 다른 사람의 좋은 습관이다.

320 세가지 이익이 있다면 세가지 어려움도 있다. 물론 그 반대도 마찬가지다.

321 만족할 줄 모르면 늘 억울하고 참지 못하면 스스로 들끓을 것이나, 만족할 줄 알면 늘 즐거우며 참을 수 있다면 스스로 평안할 것이다.

322 직업 안에서 행복을 찾아라. 그렇지 못한다면 어디에서도 행복을 찾지 못할 것이다.

323 새로운 실수는 괜찮다. 같은 실수를 반복하는 것을 두려워하라.

324 자신의 욕망에 한계선을 긋는 것도 스스로 마땅히 해야 할 일이다.

325 열매 맺지 않는 꽃은 심지 말고, 의리 없는 벗은 사귀지 말라.

326 소인은 이익에 밝고 군자는 의리에 밝다. 그래서 소인은 항상 걱정하고 군자는 늘 당당한 것이다.

327 모든 일은 준비하면 이루어지고, 준비하지 않으면 어그러진다.

328 말할 때는 행동할 것을 고려하고, 행할 때는 말한 것을 상기하라.

329 덕이 있는 사람은 외롭지 않나니 반드시 이웃이 있게 마련이다.

330 처음엔 털 끝 만한 차이가 나중에 가면 천리나 어긋나게 된다. 작은 실수도 처음에는 마음에 걸리나 나중에는 큰 죄업조차 아무렇지 않게 되는 것이다.

331 법이 복잡해져도 새로운 악행이 쌓이지만 도덕이 살아나면 법률은 간소해진다.

332 낡은 견해를 씻어낼 때마다 새로운 뜻이 빛나게 된다.

333 흐르는 물을 거울 삼으려 말고 멈춘 물을 거울 삼아라. 감정도 마음도 물과 같다.

334 좋은 사람을 사귀는 최선의 방법은 내가 좋은 사람이 되는 것이다.

335 남이 나를 알아주지 않음을 걱정 말고, 내가 남을 이해하지 못함을 걱정하라.

336 세 사람이 길을 가면 그 중 반드시 나의 스승이 될만한 이가 있다.

337 내가 진실로 알게 된 것은 내가 아무것도 모른다는 것이다.

338 여백의 아름다움을 안다면 적은 것에 만족하고 감사할 줄 알게 된다.

339 천리길도 한 걸음부터, 만리장성도 벽돌 하나부터.

340 위로 비교하면 늘 모자라고, 아래로 비교하면 늘 남는다.

341 부는 집을 윤택하게 하고, 덕은 심신을 윤택하게 한다.

342 행복과 안전에 머무르려 하지 말라. 행복과 고통의 경계선이 인생을 살아있게 만든다.

343 고난이 닥쳤을 때 동요하지 않는다면 그 사람은 위대한 인물이라는 증거다.

344 옛사람들의 말을 거울 삼아 살아가면 그르칠 일이 적다.

345 남의 문제를 끝까지 따지려 하지 말라. 따져 살핀 자리마다 의심의 꽃이 피어나는 법이다.

346 작은 악이라고 행하지 말고, 조촐한 선이라고 사양하지 말라.

347 겸손하면 벗을 얻게 되고, 이기려는 마음은 적을 창조하게 된다.

348 세상을 위해, 또 남을 위해 도움이 되지 않는 일은 하지 말고 돌아보지도 말라.

349 앞 수레가 엎어진 것을 보고 뒤 수레는 교훈을 얻어 그 전철을 밟지 않는다.

350 작은 이익에 집착하면 큰 이익이 보이지 않는다.

351 마음이 편할 때 입을 열어라. 마음이 불편할 때 입을 열면 요괴들이 쏟아져 나올지 모른다.

352 내가 원치 않는 것을 남에게 베풀지 말라.

353 백 번 싸워서 백 번 이긴다 해도 그것이 최선책은 아니다.

354 착한 일을 해라. 무엇보다 즐거운 일은 바로 착한 일을 하는 것이다.

355 지혜와 권능의 빛을 안으로 갈무리하고 세상의 먼지 속에 부합하여 살라.

356 스스로 자기 마음 안에서 찾는 이는 매사가 약이며 보배다.

357 빨리 피는 꽃은 지는 것도 빠르며, 오래 엎드린 새가 높이 날아오른다.

358 덕을 행함에 있어서는 그 누구에게도 양보하지 말라.

359 태도는 차분하고, 의욕은 뜨거우며, 가슴은 텅 비우고, 배짱은 두둑해야 무슨 일이든 할 수 있다.

360 어려운 책도 여러 번 읽으면 그 뜻이 스르르 떠올라온다.

361 인생을 즐기되, 지나치지 말라.

362 좋은 일은 이루는데 오래 걸리나 나쁜 일이 이뤄지는 것은 순식간이다. 어찌 조심하지 않으랴?

363 남을 대하기를 자기 대하듯 하라. 그러다보면 서로가 배려하고 서로 이롭게 나아간다.

364 한 해의 가장 큰 행복은 한 해의 마지막에서 그 해의 처음보다 훨씬 나아진 자신을 느낄 때이다.

365 최선을 다하고 하늘의 뜻을 기다려라.

손으로 쓰는 행위는 생각의 흐름을 늦추어 마음을 차분히 정리하는 명상과 같다.

001

별빛을 찾는가,
촛불을 꺼라.

002

빨리 가려거든
혼자 가라.
멀리 가려거든
함께 가라.

003

선인에게도
악인에게도
비는 오고
해는 떠오른다.

별빛을 찾는가,
촛불을 꺼라.

    빨리 가려거든
    혼자 가라.
    멀리 가려거든
    함께 가라.

        선인에게도
        악인에게도
        비는 오고
        해는 떠오른다.

004

백 번 쓰면
이뤄지고,
만 번 말하면
현실이 된다.

005

우리가 사는 땅은
조상으로부터
물려받은 것이 아니라
우리 아이들로부터
빌려온 것이다.

백 번 쓰면
이뤄지고,
만 번 말하면
현실이 된다.

우리가 사는 땅은
조상으로부터
물려받은 것이 아니라
우리 아이들로부터
빌려온 것이다.

006

이별이 두려워
사랑하지 않는 사람은
죽는 게 두려워
숨 쉬지 않으려는
사람과 같다.

007

우는 것을
두려워 말라.
눈물은 마음의 아픔을
씻어내는 약이다.

이별이 두려워
사랑하지 않는 사람은
죽는 게 두려워
숨 쉬지 않으려는
사람과 같다.

우는 것을
두려워 말라.
눈물은 마음의 아픔을
씻어내는 약이다.

008

물고기를 주지 말고
물고기 잡는 법을
가르쳐줘라.

009

내 뒤에서 걷지 마라.
난 그대를 이끌고 싶지 않다.
내 앞에서 걷지 마라.
난 그대를 따르고 싶지 않다.
내 옆에서 걸어다오.
우리가 가는 길
외롭지 않게-

물고기를 주지 말고

물고기 잡는 법을

가르쳐줘라.

내 뒤에서 걷지 마라.

난 그대를 이끌고 싶지 않다.

내 앞에서 걷지 마라.

난 그대를 따르고 싶지 않다.

내 옆에서 걸어다오.

우리가 가는 길

외롭지 않게―

010

한 번 일어난 일은
두 번 다시
일어나지 않을 수 있다.
하지만
두 번 일어난 일은
반드시 다시 일어난다.

011

정상에 오르거든
반드시 뒤를 돌아보고
너의 영혼이
따라오는지 확인하라.
영혼이 보이지 않거든
잠시 숨을 고르고
기다려라.

한 번 일어난 일은

두 번 다시

일어나지 않을 수 있다.

하지만

두 번 일어난 일은

반드시 다시 일어난다.

     정상에 오르거든

     반드시 뒤를 돌아보고

     너의 영혼이

     따라오는지 확인하라.

     영혼이 보이지 않거든

     잠시 숨을 고르고

     기다려라.

012

눈에 눈물이
말라버리면
영혼 위에
무지개가
뜨지 않는다.

013

지나친 즐거움은
몸을 망치고,
넘치는 쾌락은
덕을 잃는 일이니
늘 조금 모자람으로
족할 줄 알아야 한다.

눈에 눈물이

말라버리면

영혼 위에

무지개가

뜨지 않는다.

지나친 즐거움은

몸을 망치고,

넘치는 쾌락은

덕을 잃는 일이니

늘 조금 모자람으로

족할 줄 알아야 한다.

014

말이 많으면
쓸 말이 적다.
그래서 귀는
늘 열려 있지만
입은 닫을 수 있게
만들어진 것이다.

015

내 안에는
악한 늑대가 있고
착한 개가 있다.
누가 이길 것인가?
내가 먹이를
주는 쪽이 이긴다.

말이 많으면
쓸 말이 적다.
그래서 귀는
늘 열려 있지만
입은 닫을 수 있게
만들어진 것이다.

내 안에는
악한 늑대가 있고
착한 개가 있다.
누가 이길 것인가?
내가 먹이를
주는 쪽이 이긴다.

016

먼저 인간의
도리를 다하고
여력이 있으면
학문을 닦아라.

017

들은 것은 잊기 쉽고
본 것 또한 잊어버린다.
하지만 해본 것은
잊지 않는다.

018

조금 적게 먹고
조금 적게 말하면
삶에 별 문제가
없으리라.

먼저 인간의
도리를 다하고
여력이 있으면
학문을 닦아라.

들은 것은 잊기 쉽고
본 것 또한 잊어버린다.
하지만 해본 것은
잊지 않는다.

조금 적게 먹고
조금 적게 말하면
삶에 별 문제가
없으리라.

019

가장 풍부한
의미가 담긴 것은
침묵이다.

020

내 땀과 노력이
스며들지 않은 것은
내 것이 아니다.
자신의 것이 아닌데
바란다면 탐욕이다.

021

만물에 감사하라.
그러면 만물이 내게
경의를 표할 것이다.

가장 풍부한

의미가 담긴 것은

침묵이다.

내 땀과 노력이

스며들지 않은 것은

내 것이 아니다.

자신의 것이 아닌데

바란다면 탐욕이다.

만물에 감사하라.

그러면 만물이 내게

경의를 표할 것이다.

022

깊은 사랑을 가진 이는
반드시 순하고 착한
용모가 있다.

023

소가 먹은 것은
우유가 되고,
독사가 먹은 것은
독이 된다.
당신이 먹은 것은
무엇이 되어 나올 것인가?

깊은 사랑을 가진 이는
반드시 순하고 착한
용모가 있다.

소가 먹은 것은
우유가 되고,
독사가 먹은 것은
독이 된다.
당신이 먹은 것은
무엇이 되어 나올 것인가?

024

다른 사람을
비난하지 말라.
그 비난의 파동이
우주를 돌아 다시
내게 돌아 오리니.

025

진정으로 평화를 원한다면
평화롭게 생각하고,
평화롭게 말하고,
평화롭게 살아야 한다.
논쟁의 낚싯대를
아무리 던져봤자
그 바늘 끝에는
쓰레기만 걸려 나올 것이다.

다른 사람을
비난하지 말라.
그 비난의 파동이
우주를 돌아 다시
내게 돌아 오리니.

진정으로 평화를 원한다면
평화롭게 생각하고,
평화롭게 말하고,
평화롭게 살아야 한다.
논쟁의 낚싯대를
아무리 던져 봤자
그 바늘 끝에는
쓰레기만 걸려 나올 것이다.

026

작은 언행을
조심하지 않으면
큰 덕을
무너뜨리게 된다.

027

인간은 실수하게 마련이며
용서받지 못할 실수란 없다.
다만 스스로 그 실수를
용서하지 말라.

작은 언행을

조심하지 않으면

큰 덕을

무너뜨리게 된다.

인간은 실수하게 마련이며

용서받지 못할 실수란 없다.

다만 스스로 그 실수를

용서하지 말라.

028

주먹을 불끈 쥐면
누군가를 아프게 하지만
두 손을 펴 기도하면
서로를 살리게 된다.

029

네가 세상에 태어났을 때
너는 울고 세상은 즐거워했다.
네가 세상을 떠날 때
세상은 울고 너는
즐거워할 수 있도록 살아라.

주먹을 불끈 쥐면

누군가를 아프게 하지만

두 손을 펴 기도하면

서로를 살리게 된다.

네가 세상에 태어났을 때

너는 울고 세상은 즐거워했다.

네가 세상을 떠날 때

세상은 울고 너는

즐거워할 수 있도록 살아라.

030

내 앞에 놓인 음식에
감사와 사랑을 보내라.
그러면 곧
감사와 사랑이
온몸에 퍼져갈 것이다.

031

내가 만나는
모든 이는
나를 비춰주는
거울이다.

내 앞에 놓인 음식에
감사와 사랑을 보내라.
그러면 곧
감사와 사랑이
온몸에 퍼져갈 것이다.

내가 만나는
모든 이는
나를 비춰주는
거울이다.

032

내 앎과 신념을
남에게 강요하지 말라.
내 옷이 남에겐
맞지 않을 수 있다.

033

악인의 악행은
선인의 선행을 위한
자료가 된다.

내 앎과 신념을
남에게 강요하지 말라.
내 옷이 남에겐
맞지 않을 수 있다.

악인의 악행은
선인의 선행을 위한
자료가 된다.

034

아무도 당신을
기억하지 않는다.
오로지 당신이
걸어간 그 길을
기억할 것이다.

035

이 세상에
공짜는 없다.

036

진정 진실한 대답을
얻고 싶은가?
당신의 가슴 가장
깊은 곳에서 물어라.

아무도 당신을
기억하지 않는다.
오로지 당신이
걸어간 그 길을
기억할 것이다.

이 세상에
공짜는 없다.

진정 진실한 대답을
얻고 싶은가?
당신의 가슴 가장
깊은 곳에서 물어라.

037

출세를 해도
영광으로 여기지 말고,
곤궁해도 그 처지를
부끄러워 말아라.

038

모든 문제의 원인은
내 안에 있고,
열쇠 또한
내 안에 있다.

039

어제나 내일 때문에
오늘을 다 보내지 말라.
실은 오늘밖에
남지 않았다.

출세를 해도
영광으로 여기지 말고,
곤궁해도 그 처지를
부끄러워 말아라.

　　　　모든 문제의 원인은
　　　　내 안에 있고,
　　　　열쇠 또한
　　　　내 안에 있다.

어제나 내일 때문에
오늘을 다 보내지 말라.
실은 오늘밖에
남지 않았다.

040

멋진 나무가 되려거든
혼자 서라.
푸른 숲이 되려거든
함께 서라.

041

그 사람의 신발을 신고
오래 걸어보기 전까지는
그 사람을
판단하지 마라.

042

배움의 길이
끊어지면
금방 늙고 만다.

멋진 나무가 되려거든
혼자 서라.
푸른 숲이 되려거든
함께 서라.

　　　　그 사람의 신발을 신고
　　　　오래 걸어보기 전까지는
　　　　그 사람을
　　　　판단하지 마라.

배움의 길이
끊어지면
금방 늙고 만다.

043

무언가를 얻고 싶거든
그것을 위해
무엇을 버릴 것인지
먼저 결정하라.

044

하늘을 원망하지 말고
남을 탓하지 말라.
나를 해칠 수 있는 것은
하늘도, 남도
아닌 까닭이다.

045

고통은 피하려 해도
벗어날 수 없으니
배를 타고 당당히
고통의 강을 건너라.

무언가를 얻고 싶거든

그것을 위해

무엇을 버릴 것인지

먼저 결정하라.

하늘을 원망하지 말고

남을 탓하지 말라.

나를 해칠 수 있는 것은

하늘도, 남도

아닌 까닭이다.

고통은 피하려 해도

벗어날 수 없으니

배를 타고 당당히

고통의 강을 건너라.

046

남을 이기는 자를
힘 있다 하고,
자신을 이기는 자를
강하다 한다.
힘 있기 보다는
강한 사람이 되라.

047

행복한 삶을 위해
필요한 것은
거의 없다.

048

가족에게
신뢰를 잃은 이와는
친구 되지 않는 것이
현명하다.

남을 이기는 자를
힘 있다 하고,
자신을 이기는 자를
강하다 한다.
힘 있기 보다는
강한 사람이 되라.

행복한 삶을 위해
필요한 것은
거의 없다.

가족에게
신뢰를 잃은 이와는
친구 되지 않는 것이
현명하다.

049

전생이 궁금한가?

금생을 보라.

내생이 궁금한가?

금생을 보라.

050

어리석은 이는

멀리서 행복을 찾고,

현명한 이는

발치에서 행복을

키워 간다.

051

실패와 포기를

혼동하지 말라.

실패는 디딤돌이

되어주지만

포기는 싱크홀이다.

전생이 궁금한가?

금생을 보라.

내생이 궁금한가?

금생을 보라.

어리석은 이는

멀리서 행복을 찾고,

현명한 이는

발치에서 행복을

키워간다.

실패와 포기를

혼동하지 말라.

실패는 디딤돌이

되어주지만

포기는 싱크홀이다.

052

몸을 닦지 않으면
금방 더러워지고,
마음을 늘 닦지 않으면
언행마다 악취가 난다.

053

오랫동안
꿈을 그리는 이는
어느덧
그 꿈과 닮아간다.

054

행복도, 불행도
하나의 습관이다.
이왕이면 좋은 습관을
지녀야 한다.

몸을 닦지 않으면
금방 더러워지고,
마음을 늘 닦지 않으면
언행마다 악취가 난다.

오랫동안
꿈을 그리는 이는
어느덧
그 꿈과 닮아간다.

행복도, 불행도
하나의 습관이다.
이왕이면 좋은 습관을
지녀야 한다.

055

내 인생의 여정에

누구나 같이

걸어갈 수는 있지만

누구도 내 길을 대신

가주지는 못한다.

056

고통이 지나간

길을 보라.

그 길에는 반드시

기쁨이 스며든다.

057

이 세상에

우연은 없다.

우연처럼 다가오는

필연이 있을 뿐-

내 인생의 여정에
누구나 같이
걸어갈 수는 있지만
누구도 내 길을 대신
가주지는 못한다.

고통이 지나간
길을 보라.
그 길에는 반드시
기쁨이 스며든다.

이 세상에
우연은 없다.
우연처럼 다가오는
필연이 있을 뿐-

058

인간은 늘 시간이
모자라다고 불평하면서
막상 시간이
무한정한 것처럼
살아간다.

059

나는 누구인가 물으라.
내 본체가
선명하고 위대하게
드러날 때까지-

060

행복은 크고, 많고,
화려한데에 있지 않다.
단순함과 간소함 속에
숨쉬고 있다.

인간은 늘 시간이
모자라다고 불평하면서
막상 시간이
무한정한 것처럼
살아간다.

　　　　나는 누구인가 물으라.

　　　　내 본체가

　　　　선명하고 위대하게

　　　　드러날 때까지 -

행복은 크고, 많고,
화려한데에 있지 않다.
단순함과 간소함 속에
숨쉬고 있다.

필사하는 동안, 나는 글의 행간을 읽는 것이 아니라
내 마음의 행간을 읽는다.

061

한 걸음
뒤로 물러서면
다른 세상이
열린다.

062

세상은 정치나 과학이
이끌어 가지 않는다.
당신의 마음이
이끌어가는 것이다.

063

누가 나를 지적하고
질책하는가?
그가 나의 스승이다.

한 걸음
뒤로 물러서면
다른 세상이
열린다.

세상은 정치나 과학이
이끌어 가지 않는다.
당신의 마음이
이끌어 가는 것이다.

누가 나를 지적하고
질책하는가?
그가 나의 스승이다.

064

늘 남을 먼저
배려하라.
그러면 모든 이가
나를 먼저
배려할 것이다.

065

재산을 잃은 이는
조금 잃은 것이며,
신용을 잃은 이는
거의 잃은 것이고,
용기마저 잃은 이는
다 잃은 것이다.

066

돈이란
바닷물과 같아서
마실수록 목이
타오르는 법이다.

늘 남을 먼저
배려하라.
그러면 모든 이가
나를 먼저
배려할 것이다.

재산을 잃은 이는
조금 잃은 것이며,
신용을 잃은 이는
거의 잃은 것이고,
용기마저 잃은 이는
다 잃은 것이다.

돈이란
바닷물과 같아서
마실수록 목이
타오르는 법이다.

067

하늘은
크게 쓸 사람에게
고통과 시련을 주어
더 강하게 만든다.

068

고개 숙이지 말라.
고개를 들어
세상을 정면으로
바라보라.

069

사막이 아름다운 건
어딘가
샘이 숨겨져 있기
때문이다.

하늘은

크게 쓸 사람에게

고통과 시련을 주어

더 강하게 만든다.

고개 숙이지 말라.

고개를 들어

세상을 정면으로

바라보라.

사막이 아름다운 건

어딘가

샘이 숨겨져 있기

때문이다.

070

처음을 조심하고

끝까지 초심을

잃지 않으면

반드시 성공한다.

071

무사할 때

평안하긴 쉬우나

고난이 닥쳤을 때도

동요하지 않아야

진정한 대인이다.

072

참지 못할 것 같아도

참을 수 있고,

해내지 못할 것 같아도

해낼 수 있으니

한번 해 보라.

처음을 조심하고
끝까지 초심을
잃지 않으면
반드시 성공한다.

무사할 때
평안하긴 쉬우나
고난이 닥쳤을 때도
동요하지 않아야
진정한 대인이다.

참지 못할 것 같아도
참을 수 있고,
해내지 못할 것 같아도
해낼 수 있으니
한번 해 보라.

073

탐욕은 가난한 자의
특징이며,
만족은 풍요로운 이의
특징이다.

074

오늘이 마지막이라고
생각하고 살아라.
진실로 오늘은 다시
돌아오지 않는다.

075

할 수 있다고 믿든
할 수 없다고 믿든
당신이 옳다.

탐욕은 가난한 자의
특징이며,
만족은 풍요로운 이의
특징이다.

오늘이 마지막이라고
생각하고 살아라.
진실로 오늘은 다시
돌아오지 않는다.

할 수 있다고 믿든
할 수 없다고 믿든
당신이 옳다.

076

지금의 당신은
자신이 선택한 것이다.
마음에 들지 않으면
새롭게 선택하라.

077

작고 사소한 일로부터
위대한 변화는
시작되곤 한다.

078

인생이라는 학교에는
시련이라는
스승이 있다.
덕분에 우리는
성장한다.

지금의 당신은

자신이 선택한 것이다.

마음에 들지 않으면

새롭게 선택하라.

자고 사소한 일로부터

위대한 변화는

시작되곤 한다.

인생이라는 학교에는

시련이라는

스승이 있다.

덕분에 우리는

성장한다.

079

세상에는 고통이
가득하지만 또 그것을
극복하는 사람들로도
가득하다.

080

운이 따라주지 않는가?
뜨거운 열정으로
운명을 재구축하라.

081

문제는 목적지에 얼마나
빨리 가느냐가 아니라
목적지가 어디인가
하는 것이다.

세상에는 고통이
가득하지만 또 그것을
극복하는 사람들로도
가득하다.

운이 따라주지 않는가?
뜨거운 열정으로
운명을 재구축하라.

문제는 목적지에 얼마나
빨리 가느냐가 아니라
목적지가 어디인가
하는 것이다.

082

최고에
도달하려거든
최저에서
시작해 보라.

083

믿음은 생각이 되고,
생각은 말이 되며,
말은 행동이 되고,
행동은 습관이 된다.
습관은 가치가 되며,
가치는 운명이 된다.

최고에
도달하려거든
최저에서
시작해 보라.

믿음은 생각이 되고,
생각은 말이 되며,
말은 행동이 되고,
행동은 습관이 된다.
습관은 가치가 되며,
가치는 운명이 된다.

084

자신의 행동에
지극한 사랑을
쏟아부어라.
그 행동은
위대해 질 것이다.

085

꼭 차면
비워지기 시작하고,
텅 비면
차오르기 시작한다.
고통과 안락도 그렇다.

자신의 행동에
지극한 사랑을
쏟아부어라.
그 행동은
위대해 질 것이다.

꼭 차면
비워지기 시작하고,
텅 비면
차오르기 시작한다.
고통과 안락도 그렇다.

086

먹고 싶은 걸 다 먹을 수 있고,
갖고 싶은 걸 다 가진다면
무슨 재미인가?
내가 가진 경계선 너머가
꿈을 주는 것이다.

087

원하는 것을 얻기 위한
첫번째 단계는
내가 무엇을 원하는지
결정하는 것이다.

먹고 싶은 걸 다 먹을 수 있고,
갖고 싶은 걸 다 가진다면
무슨 재미인가?
내가 가진 경계선 너머가
꿈을 주는 것이다.

원하는 것을 얻기 위한
첫 번째 단계는
내가 무엇을 원하는지
결정하는 것이다.

088

실수를
겁내지 말고 뿌려라.
그 중에서 어느덧
성공의 싹이 틀 테니.

089

당신은 어떤
사람이고자 하는가?
그 존재목적을 세우는데
늦은 때라는 건 없다.

090

불행을
떠올릴 시간에
몰두하라.

실수를
겁내지 말고 뿌려라.
그 중에서 어느덧
성공의 싹이 틀 테니.

당신은 어떤
사람이고자 하는가?
그 존재목적을 세우는데
늦은 때라는 건 없다.

불행을
떠올릴 시간에
몰두하라.

091

추위에 떨어본 사람이
태양의 따스함을 알고,
인생의 고달픔을
맛본 사람이 생명의
존귀함을 느낀다.

092

실패는 잊어라.
하지만
그것이 준 교훈은
절대로 잊지 말라.

093

친절한 말과
품위 있는 행동은
반드시 아름다운
결실을 맺는다.

추위에 떨어본 사람이

태양의 따스함을 알고,

인생의 고달픔을

맛본 사람이 생명의

존귀함을 느낀다.

실패는 잊어라.

하지만

그것이 준 교훈은

절대로 잊지 말라.

친절한 말과

품위 있는 행동은

반드시 아름다운

결실을 맺는다.

094

낙숫물이
돌을 뚫는다.
그건 영원히
진실이다.

095

내 몫이 아닌 것에
곁눈질하지 말고
내 것을 위해
할 수 있는 것을 하라.

096

별을 잡으려
손을 내밀다가
발 밑의 꽃을
밟아버리지 말라.

낙숫물이
돌을 뚫는다.
그건 영원히
진실이다.

내 몫이 아닌 것에
곁눈질하지 말고
내 것을 위해
할 수 있는 것을 하라.

별을 잡으려
손을 내밀다가
발 밑의 꽃을
밟아버리지 말라.

097

삶을 빛나게 하는 것은
사랑하는 대상이 아니라
사랑 그 자체이다.

098

고심하여
쥐어짜는 생각보다
느닷없이
떠오르는 생각이
소중한 것이니
그것을 잘 보관하라.

삶을 빛나게 하는 것은
사랑하는 대상이 아니라
사랑 그 자체이다.

고심하여
쥐어짜는 생각보다
느닷없이
떠오르는 생각이
소중한 것이니
그것을 잘 보관하라.

099

인정하고 격려해주면
누구나 능력을
발휘한다.
나 자신도 그렇다.

100

쇠가 달아 있을 때
두들겨라.
하지만 더 좋은 것은
쇠를 두들기고 두들겨서
달아오르게 하는 것이다.

인정하고 격려해주면
누구나 능력을
발휘한다.
나 자신도 그렇다.

쇠가 달아 있을 때
두들겨라.
하지만 더 좋은 것은
쇠를 두들기고 두들겨서
달아오르게 하는 것이다.

101

사람들은 행복의 문이
하나 닫힐 때
그걸 보고 탄식하느라
새로운 문이 열리는 것을
놓치곤 한다.

102

저 밖의 모든 것은
당신 내면에 존재한다.
한 방울의 물 속에
바다의 모든 비밀이
녹아 있듯이.

사람들은 행복의 문이

하나 닫힐 때

그걸 보고 탄식하느라

새로운 문이 열리는 것을

놓치곤 한다.

저 밖의 모든 것은

당신 내면에 존재한다.

한 방울의 물 속에

바다의 모든 비밀이

녹아 있듯이.

103

사람은 산에 걸려
넘어지는 게 아니라
작은 돌부리에
걸려 넘어진다.

104

인간은 방랑을
동경하면서
또 고향을
그리워한다.

105

많은 사람이 진리와
아름다움과 사랑을
찾아 헤맨다.
하지만 그들은
빈손으로 돌아온다.
그것을 남이 줄 것으로
기대했기 때문이다.

사람은 산에 걸려
넘어지는 게 아니라
작은 돌부리에
걸려 넘어진다.

많은 사람이 진리와
아름다움과 사랑을
찾아 헤맨다.
하지만 그들은
빈손으로 돌아온다.
그것을 남이 줄 것으로
기대했기 때문이다.

인간은 방랑을
동경하면서
또 고향을
그리워한다.

106

영웅이란 보통 사람보다
용기가 많은 사람이 아니다.
다만 다른 사람보다
5분 정도 오래 용기를
지속시킬 수 있을 뿐이다.

107

인생을 사랑하는가?
그렇다면 시간을 사랑하라.
인생은 시간이라는
벽돌로 이루어진
성이기 때문이다.

영웅이란 보통 사람보다
용기가 많은 사람이 아니다.
다만 다른 사람보다
5분 정도 오래 용기를
지속시킬 수 있을 뿐이다.

인생을 사랑하는가?
그렇다면 시간을 사랑하라.
인생은 시간이라는
벽돌로 이루어진
성이기 때문이다.

108

아내를 행복하게 해주고,
아이들에게 존경받는
남자는 어디에서나
인정을 받는다.

109

남의 고칠 점을 찾는
그 예리한 시선으로
내 허물을 찾아라.

110

내가 바라는 것이 있다면
내가 있음으로 인해
세상이 좀 더
좋아졌다는 것을
보는 것이다.

아내를 행복하게 해주고,

아이들에게 존경받는

남자는 어디에서나

인정을 받는다.

남의 고칠 점을 찾는

그 예리한 시선으로

내 허물을 찾아라.

내가 바라는 것이 있다면

내가 있음으로 인해

세상이 좀 더

좋아졌다는 것을

보는 것이다.

111

사람의 얼굴은
한 권의 책이며,
생명의 역사이며,
장대한 풍경이다.
얼굴은 거짓말을
하지 않는다.

112

진실한 말은
장식이 필요치 않고,
화려하게 꾸민 말에는
진실이 담기지 않는다.

사람의 얼굴은
한권의 책이며,
생명의 역사이며,
장대한 풍경이다.
얼굴은 거짓말을
하지 않는다.

진실한 말은
장식이 필요치 않고,
화려하게 꾸민 말에는
진실이 담기지 않는다.

113

실패는 고통스럽다.
하지만 최선을
다하지 못했음을
깨닫는 것은 훨씬 더
고통스러운 것이다.

114

좋은 충고는
하기도 어렵지만
받아들이기는 더욱
어려운 법이다.

115

올바른 도덕심은
나침반만큼이나
믿을 수 있다.

실패는 고통스럽다.
하지만 최선을
다하지 못했음을
깨닫는 것은 훨씬 더
고통스러운 것이다.

좋은 충고는
하기도 어렵지만
받아들이기는 더욱
어려운 법이다.

올바른 도덕심은
나침반만큼이나
믿을 수 있다.

116

말과 행동을
일치할 수 있는가?
그렇다면 당신은
잘 살았다 하리라.

117

건강을 지킬 수만 있다면
나이 드는 것이 젊음을
유지하는 것보다 낫다.

118

큰 꿈을 가진 사람이
좋은 여건을
갖춘 사람보다
더욱 강한 힘을
발휘할 수 있다.

말과 행동을
일치할 수 있는가?
그렇다면 당신은
잘 살았다 하리라.

건강을 지킬 수만 있다면
나이 드는 것이 젊음을
유지하는 것보다 낫다.

큰 꿈을 가진 사람이
좋은 여건을
갖춘 사람보다
더욱 강한 힘을
발휘할 수 있다.

119

가까운 곳이라도
발을 떼지 않으면
이르지 못하고,
작은 일이라도
행하지 않으면
성취하지 못한다.

120

말은 쉽고
행하기는 어려우니
말은 자중하고
행동은
과감하게 하라.

가까운 곳이라도

발을 떼지 않으면

이르지 못하고,

작은 일이라도

행하지 않으면

성취하지 못한다.

말은 쉽고

행하기는 어려우니

말은 자중하고

행동은

과감하게 하라

필사는 소란한 세상에서 평온함을 찾는 고귀한 방법이며, 손으로 하는 명상과 같다. 하루 5분, 예쁘고 단단한 말을 읽고 쓰는 것만으로 삶이 바뀔 수 있다.

121

우아하게 늙어가는 비결은
언제나 새로운 사람을 만나고,
새로운 곳을 구경하려는
열정을 간직하는 것이다.

122

밖으로는 마땅히
관대할 것이며,
안으로는 마땅히
분명해야 한다.

123

왕이건, 대부호이건,
농부이건 자기 가정에
웃음꽃 피는 이가
가장 행복한 사람이다.

우아하게 늙어 가는 비결은
언제나 새로운 사람을 만나고,
새로운 곳을 구경하려는
열정을 간직하는 것이다.

밖으로는 마땅히
관대할 것이며,
안으로는 마땅히
분명해야 한다.

왕이건, 대부호이건,
농부이건 자기 가정에
웃음꽃 피는 이가
가장 행복한 사람이다.

124

당신이 하루 종일
무엇을 생각하는지가
당신의 일생을 이룬다.

125

남이 그대를
배반할지라도
그대는 남을
배반하지 말라.

126

행복은
작은 일에 대하여
즐거움을 느끼는
능력에 따라 좌우된다.

당신이 하루 종일
무엇을 생각하는지가
당신의 일생을 이룬다.

　　　　　남이 그대를

　　　　　배반할지라도

　　　　　그대는 남을

　　　　　배반하지 말라.

행복은
작은 일에 대하여
즐거움을 느끼는
능력에 따라 좌우된다.

127

학문이
정신을 기르고,
그 정신이
몸을 기른다.

128

사소한 결정은
머리로 하고,
중요한 결정은
가슴으로 하라.

129

먼 곳을 향하는 배가
편안할 수 만은 없다.
풍파는 언제나
전진하는 자의 벗이다.

학문이
정신을 기르고,
그 정신이
몸을 기른다.

사소한 결정은
머리로 하고,
중요한 결정은
가슴으로 하라.

먼 곳을 향하는 배가
편안할 수 만은 없다.
풍파는 언제나
전진하는 자의 벗이다.

130

아주 나쁜 일이나
아주 좋은 일,
둘 중 어떤 것도
오랫동안
지속되지는 않는다.

131

큰 물고기는
냇물에서
놀지 않는 법이다.

132

가정을 다스리려면
먼저 자신의 행동을
바르게 하라.

아주 나쁜 일이나
아주 좋은 일,
둘 중 어떤 것도
오랫동안
지속되지는 않는다.

큰 물고기는
냇물에서
놀지 않는 법이다.

가정을 다스리려면
먼저 자신의 행동을
바르게 하라.

133

이별의 시간이 되기까지는
사랑은 그 깊이를
스스로 알지 못한다.

134

자신을 비춘
거울을 보려거든
바깥의 사람들을 보고,
자신을 보려거든
눈을 감아라.

이별의 시간이 되기까지는

사랑은 그 깊이를

스스로 알지 못한다.

자신을 비춘

거울을 보려거든

바깥의 사람들을 보고,

자신을 보려거든

눈을 감아라.

135

여러 사람이 아니라고 해도
잘 살펴야 하고,
여러 사람이 맞다고 해도
잘 살펴야 한다.
세상의 이치가 하늘의 이치와
반대인 경우가 많기 때문이다.

136

남에게 고통을 주면
고통이 돌아오고,
선을 주면
선이 돌아오는데
아무리 피하려 해도
그건 소용이 없다.

여러 사람이 아니라고 해도
잘 살펴야 하고,
여러 사람이 맞다고 해도
잘 살펴야 한다.
세상의 이치가 하늘의 이치와
반대인 경우가 많기 때문이다.

남에게 고통을 주면
고통이 돌아오고,
선을 주면
선이 돌아오는데
아무리 피하려 해도
그건 소용이 없다.

137

새의 깃털은 가벼우나
무거운 그 몸을
날게 한다.

138

타인에게는
봄바람처럼 온화하게,
자신에게는 눈서리처럼
냉혹하게 하라.

139

위대한 성취는
남보다 15분
더 견디는 쪽에게
돌아가는 법이다.

새의 깃털은 가벼우나
무거운 그 몸을
날게 한다.

타인에게는
봄바람처럼 온화하게,
자신에게는 눈서리처럼
냉혹하게 하라.

위대한 성취는
남보다 15분
더 견디는 쪽에게
돌아가는 법이다.

140

우리는 얼음으로써
생계를 유지하고,
베풂으로써
인생을 살아간다.

141

화가 나면 반응하기 전에
열을 세어라.
그래도 안 풀리면
백까지 세어라.
그래도 안 풀리거든
천까지 세어라.

우리는 연음으로써

생계를 유지하고,

베풂으로써

인생을 살아간다.

화가 나면 반응하기 전에

열을 세어라.

그래도 안 풀리면

백까지 세어라.

그래도 안 풀리거든

천까지 세어라.

142

사랑하는 사람과
헤어질 때는 항상
사랑한다는 말을
해주도록 해라.
그것이 서로를 보는
마지막 순간일 수도 있다.

143

화살이 빗나갔다고
남을 탓할 것인가?
자기 자신을 먼저
바르게 한 후에 다시
화살을 메길 따름이다.

사랑하는 사람과
헤어질 때는 항상
사랑한다는 말을
해주도록 해라.
그것이 서로를 보는
마지막 순간일 수도 있다.

화살이 빗나갔다고
남을 탓할 것인가?
자기 자신을 먼저
바르게 한 후에 다시
화살을 메길 따름이다.

144

도리에 어긋나는 길로
들어온 재물은
또 그런 길로
새 나가는 법이다.

145

왕과 동행할 때
마음이 떨리지 않고,
거지와 함께 있을 때
그를 업신여기지 않는다면
당신은 인격자다.

도리에 어긋나는 길로

들어온 재물은

또 그런 길로

새 나가는 법이다.

왕과 동행할 때

마음이 떨리지 않고,

거지와 함께 있을 때

그를 업신여기지 않는다면

당신은 인격자다.

146

인간으로 살아간다는 것은
울고, 웃고,
애써 시도하고,
넘어지고,
다시 일어남을 뜻한다.

147

가장 소중한 것은
보이지도
들리지도 않는다.
그것은 가슴으로만
느낄 수 있다.

인간으로 살아간다는 것은

울고, 웃고,

애써 시도하고,

넘어지고,

다시 일어남을 뜻한다.

가장 소중한 것은

보이지도

들리키도 않는다.

그것은 가슴으로만

느낄 수 있다.

148

진정한 매력은
적극적이고
상냥한 태도에서
우러나오는 것이다.

149

인생은
예측이 불가하고
그것이 또
삶의 맛이다.

150

물의 근원이 맑으면
하류도 맑고,
근원이 흐리면
하류도 흐리다.
마음도 그러하다.

진정한 매력은

적극적이고

상냥한 태도에서

우러나오는 것이다.

인생은

예측이 불가하고

그것이 또

삶의 맛이다.

물의 근원이 맑으면

하류도 맑고,

근원이 흐리면

하류도 흐리다.

마음도 그러하다.

151

만약 당신이 실패를
경험하지 않았다면,
당신은 필요한 만큼의
모험을 하지
않았던 것이다.

152

압박과 도전 같은
모든 어려운 것들은
나를 반등하게 한다.

153

후회하지 않고
언제나 꿈을
간직하는 한,
영원히 나이를
느끼지 않는다.

만약 당신이 실패를
경험하지 않았다면,
당신은 필요한 만큼의
모험을 하지
않았던 것이다.

압박과 도전 같은
모든 어려운 것들은
나를 반등하게 한다.

후회하지 않고
언제나 꿈을
간직하는 한,
영원히 나이를
느끼지 않는다.

154

하늘의 뜻을 아는 이는
어려움을 당해도
하늘을 원망하지 않는다.

155

나를 먼저
바로 하고,
남을 먼저
배려 하라.

156

즐거움을 완전히
누리기 위해서는
함께 나눌 누군가가
있어야 한다.

하늘의 뜻을 아는 이는

어려움을 당해도

하늘을 원망하지 않는다.

나를 먼저

바로 하고,

남을 먼저

배려하리.

즐거움을 완전히

누리기 위해서는

함께 나눌 누군가가

있어야 한다.

157

오늘 하루가
마지막이라고 여겨라.
그러면 시간은
번쩍이며
확장될 것이다.

158

궁색해도
바른 뜻을 잃지 말고,
출세해도
정도를 지나치지
말아야 한다.

159

스스로 배우는
사람으로부터
많은 것을
배울 수 있다.

오늘 하루가
마지막이라고 여겨라.
그러면 시간은
번쩍이며
확장될 것이다.

궁색해도
바른 뜻을 잃지 말고,
출세해도
정도를 지나치지
말아야 한다.

스스로 배우는
사람으로부터
많은 것을
배울 수 있다.

160

눈물 젖은 빵을
먹어보지 않은 이는
인생의 참맛을 모른다.

161

천리길도
한걸음이 중요하니,
처음 시작할 때의
노력이 그만큼
소중한 것이다.

162

마음 속에
덕이 있는 이는
반드시 그 말이
선량하다.

눈물 젖은 빵을
먹어보지 않은 이는
인생의 참맛을 모른다.

천리 길도
한걸음이 중요하니,
처음 시작할 때의
노력이 그만큼
소중한 것이다.

마음 속에
덕이 있는 이는
반드시 그 말이
선량하다.

163

세월이 흘러도
흐려지지 않는 슬픔은
하나도 없다.

164

큰 일을 당했다면
내 품을 넓혀서
그 일이
작아지도록 해라.

165

타인의 행복을 위해서
해야 할 것을 하라.
이것이 나의 행복을
위한 길이다.

세월이 흘러도

흐려지지 않는 슬픔은

하나도 없다.

큰 일을 당했다면

내 품을 넘겨서

그 일이

작아지도록 해라.

타인의 행복을 위해서

해야 할 것을 하라.

이것이 나의 행복을

위한 길이다.

166

만약 우리가
할 수 있는 일을
다 해낸다면
우린 아마도
깜짝 놀랄 것이다.

167

자신의 행복을
다른 사람에게
의존한다면
당신은 끊임없이
실망하게 될 것이다.

만약 우리가

할 수 있는 일을

다 해낸다면

우리 아마도

깜짝 놀랄 것이다.

자신의 행복을

다른 사람에게

의존한다면

당신은 끊임없이

실망하게 될 것이다.

168

세월은 본래 길지만
바쁜 자는 스스로 줄이고,
천지는 본래 넓지만
천한 자는 스스로 좁히며,
바람과 꽃은 본래
한가로운 것이나
악착 같은 자는 스스로
분주하게 만든다.

169

때가 오면 모든 것이
분명해지는 것을 보면
시간은 분명
진리의 아버지다.

세월은 본래 길지만

바쁜 자는 스스로 줄이고,

천지는 본래 넓지만

천한 자는 스스로 좁히며,

바람과 꽃은 본래

한가로운 것이나

악착 같은 자는 스스로

분주하게 만든다.

때가 오면 모든 것이

분명해지는 것을 보면

시간은 분명

진리의 아버지다.

170

위대한 햇빛도
초점이 하나로
모아져야만
불을 피워낸다.

171

사람들은 시간보다
돈을 귀하게 여기지만
돈이 아무리 많아도
시간 한 토막을
살 수 없다.

172

당신의 하루를
작은 성공으로
물결치게 하라.

위대한 햇빛도

초점이 하나로

모아져야만

불을 피워낸다.

사람들은 시간보다

돈을 귀하게 여기지만

돈이 아무리 많아도

시간 한 토막을

살 수 없다.

당신의 하루를

작은 성공으로

물결치게 하라.

173

하루의 가장
달콤한 시간은
동트기 전의
새벽에 있다.

174

첫 마음을
끝까지 지켜 가면
무엇이든 가히
어렵지 않으리라.

175

최고의 교육은
몸소 모범을
보이는 것이다.

하루의 가장

달콤한 시간은

동트기 전의

새벽에 있다.

첫 마음을

끝까지 지켜가면

무엇이든 가히

어렵지 않으리라.

최고의 교육은

몸소 모범을

보이는 것이다.

176

과거는 묻어버리고,
미래를 기대하지 말며,
그저 현재에 행동하라.

177

시간의 걸음걸이에는
세 가지가 있다.
미래는 주저하며 다가오고,
현재는 화살처럼 날아가며,
과거는 영원히 멈춰 있다.
당신의 걸음걸이는
어떠한가?

과거는 묻어버리고,
미래를 기대하지 말며,
그저 현재에 행동하라.

시간의 걸음걸이에는
세 가지가 있다.
미래는 주저하며 다가오고,
현재는 화살처럼 날아가며,
과거는 영원히 멈춰 있다.
당신의 걸음걸이는
어떠한가?

178

오늘 계란 하나를

가지느니 내일

암탉 한 마리를

가지는 게 현명하다.

179

시간을 잘

이용하지 못하면

언제나

시간에게 쫓긴다.

180

일년 후면 다 잊을

슬픔과 분노와

억울함을 담아놓느라

소중한 마음의 보물상자를

허비하고 있지는 않은가?

오늘 계란 하나를

가지느니 내일

암탉 한 마리를

가지는 게 현명하다.

시간을 잘

이용하지 못하면

언제나

시간에게 쫓긴다.

일년 후면 다 잊을

슬픔과 분노와

억울함을 담아놓느라

소중한 마음의 보물상자를

허비하고 있지는 않는가?

악필이었던 사람도 꾸준한 필사를 통해 글씨체가
바르게 교정되는 기쁨을 누릴 수 있다. 정성스럽게 쓴
나만의 손글씨는 또 다른 만족감과 성취감을 선사한다.

181

주머니가 작으면
큰 것을 담을 수 없고,
짧은 줄로는
깊은 우물물을
퍼 올릴 수 없다.

182

고통이 그대 삶에 밀려와
소중한 것들을
쓸어가 버릴 때
가슴에 손을 대고 말하라.
'이 또한 지나가리라.'

주머니가 작으면

큰 것을 담을 수 없고,

짧은 줄로는

깊은 우물물을

퍼 올릴 수 없다.

고통이 그대 삶에 밀려와

소중한 것들을

쓸어가 버릴 때

가슴에 손을 대고 말하라.

'이 또한 지나가리라.'

183

당신이 되고 싶던

존재가 되기에

지금도 결코

늦지 않았다.

184

탐욕은 천개의 손을 뻗어

잡고자 하나

집착을 쉬어

작은 것에 만족하라.

그러면 손에 가득

모여들 것이다.

당신이 되고 싶어

존재가 되기에

지금도 결코

늦지 않았다.

탐욕은 천개의 손을 뻗어

잡고자 하나

집착을 쉬어

작은 것에 만족하리.

그리면 손에 가득

모여들 것이다.

185

반복해서 하는 행동이
나를 이룬다.
탁월함이라는 것도
행동이 아니라
습관이다.

186

피할 수 없다면
즐겨라.

187

백 권의 책에
쓰인 말보다
한가지 참된 마음이
사람을 움직인다.

반복해서 하는 행동이

나를 이룬다.

탁월함이라는 것도

행동이 아니라

습관이다.

피할 수 없다면

즐겨라.

백 권의 책에

쓰인 말보다

한 가지 참된 마음이

사람을 움직인다.

188

여러 번 실패했다면
난 여러가지
잘 안되는 법을
발견한 것이다.

189

희망을
품지 않는 자는
절망할
자격도 없다.

190

당신이 할 수 있는
가장 큰 모험은
바로 당신이 꿈꾸던
삶을 사는 것이다.

여러 번 실패했다면
난 여러가지
잘 안되는 법을
발견한 것이다.

희망을
품지 않는 자는
절망할
자격도 없다.

당신이 할 수 있는
가장 큰 모험은
바로 당신이 꿈구던
삶을 사는 것이다.

191

이 세상에

위대한 사람은 없다.

단지 평범한 사람이

일어나 맞서는

위대한 도전이

있을 뿐이다.

192

우리는 실패를

두려워할 것이 아니라

인생에서 진정

중요치 않은 것들에

성공하는 것을

두려워해야 한다.

이 세상에

위대한 사람은 없다.

단지 평범한 사람이

일어나 맞서는

위대한 도전이

있을 뿐이다.

우리는 실패를

두려워할 것이 아니라

인생에서 진정

중요치 않은 것들에

성공하는 것을

두려워해야 한다.

193

성공의 비결은 단 한가지,
잘 할 수 있는 일에
제대로 미쳐보는 것이다.

194

세상에서 가장 현명한 이는
모든 사람으로부터
배우는 사람이다.
또 가장 사랑받는 이는
다른 이를 칭찬하는 사람이다.
그리고 가장 강한 이는
자신의 감정을
조절할 수 있는 사람이다.

성공의 비결은 단 한가지

잘 할 수 있는 일에

어때도 미쳐보는 것이다

세상에서 가장 현명한 이는

모든 사람으로부터

배우는 사람이다.

또 가장 사랑받는 이는

다른 이를 칭찬하는 사람이다.

그리고 가장 강한 이는

자신의 감정을

조절 할 수 있는 사람이다.

195

목표가 내 키를 넘어서면
야망이라 하고,
목표에 계획이 있으면
도전이라 하며,
목표에 계획이 없다면
꿈이라 한다.
우리에게는 그 중
무엇이라도 있어야 한다.

196

단순하게 살아라!
사람들은
의미 없는 절차 때문에
얼마나 삶을
복잡하게 만드는가?

목표가 내 키를 넘어서면
야망이라 하고,
목표에 계획이 있으면
도전이라 하며,
목표에 계획이 없다면
꿈이라 한다.
우리에게는 그 중
무엇이라도 있어야 한다

단순하게 살아라!
사람들은
의미 없는 걸까 때문에
얼마나 삶을
복잡하게 만드는가?

197

내가 나를
충실하게 믿을 때
온 세상이 나를
신뢰하게 된다.

198

당신에게 최고의 모습을
기대하는 사람과 만나라.
그가 당신 일생의 귀인이다.

199

소심하게 하나하나
고민하지 말라.
모든 인생은 실험이며
실험할수록 점점 더
나아지는 법이다.

내가 나를
충실하게 믿을 때
온 세상이 나를
신뢰하게 된다.

당신에게 최고의 모습을
기대하는 사람과 만나라.
그가 당신 일생의 귀인이다.

소심하게 하나하나
고민하지 말라.
모든 인생은 실험이며
실험할수록 점점 더
나아지는 법이다.

200

그대 인생의 배는
멈춰 있는가?
열정의 바람으로
배를 떠나게 하라.

201

거짓말쟁이에게 주어지는
최대의 벌은 그가
진실을 말했을 때에도
사람들이 믿어주지
않는 것이다.

202

성공은 행복의
열쇠가 아니다.
하지만 행복은
성공의 열쇠이다.

그대 인생의 배는
멈춰 있는가?
열정의 바람으로
배를 떠나게 하라.

거짓말쟁이에게 주어지는
최대의 벌은 그가
진실을 말했을 때에도
사람들이 믿어주지
않는 것이다.

성공은 행복의
열쇠가 아니다.
하지만 행복은
성공의 열쇠이다.

203

누군가 그 일을
해내기 전 까지는
그 일은 불가능한
일이었으리라.

204

선을 행할 때는
그것이 초래하는 어려움과
그것이 가져다줄 행복을
저울질해 보고,
악을 행할 때도
그 일시적인 쾌락과
그 뒤를 따를 불행을
함께 저울에 올려 보라.

누군가 그 일을
해내기 전까지는
그 일은 불가능한
일이었으리라.

선을 행할 때는
그것이 초래하는 어려움과
그것이 가져다줄 행복을
저울에 달아 보고
악을 행할 때도
그 일 지어낸 쾌락과
그 뒤를 따를 불행을
함께 저울에 올려 보라.

205

술이 입으로 들어가면
비밀이 밖으로
밀려 나온다.

206

지혜로운 이는
체득한 것을 이야기하지만
어리석은 이는
들은 것을 옮기곤 한다.

207

달도 가득 차면
기울어지는 법,
절정을 누리려
애쓰지 말라.

술이 입으로 들어가면

비밀이 밖으로

밀려나온다.

지혜로운 이는

체득한 것을 이야기하지만

어리석은 이는

들은 것을 옮기곤 한다.

낮도 가득 차면

기울어지는 법,

절정을 누리려

애쓰지 말라.

208

남을 헐뜯으면
세 사람을 죽인다.
자신과 상대방,
그리고 듣는 사람이다.

209

아이에게 무엇을 약속하고
지키지 않는 것은
아이에게 거짓말하는 법을
알려주고 있는 것이다.

210

의심이 나거든
그 사람을 쓰지 말고,
이미 썼거든
의심하지 말라.

남을 믿으면
제 사람을 죽인다
자신의 상대방.
그리고 믿는 사람이다.

아이에게 무엇을 약속하고
지키지 않는 것은
아이에게 거짓말하는 버릇을
들여주고 있는 것이다

의심이 나거든
그 사람을 쓰지 말고
이미 썼거든
의심하지 말라.

211

자식은 부모의 말을
들으려 하지 않는다.
다만 부모의 뒤통수를
보고 따를 뿐이다.

212

책을 읽고 깊이
생각하지 않는다면
당나귀가 책을 싣고
가는 것과 다를 바 없다.

213

누구나 일생 받을 복의
총량은 정해져 있다.
어찌 복권이나 요행으로
그것을 탕진하려 하는가?

자식은 부모의 말을

들으려 하지 않는다.

다만 부모의 뒤통수를

보고 따를 뿐이다.

　책을 읽고 깊이

　생각하지 않는다면

　당나귀가 책을 싣고

　가는 것과 다를 바 없다.

누구나 일생 받을 복의

총량은 정해져 있다.

어찌 복권이나 요행으로

그것을 탕진하려 하는가?

214

눈에 보이지 않는 것이
두려운가?
마음에 보이지 않는 것이
더 무섭다.

215

태산은 흙 한줌을
소중히 여기기에
큰 산을 이룬 것이다.

216

입이 하나이고
귀가 둘인 이유는
말하기보다 듣기를
두배로 하라는 뜻이다.

눈에 보이지 않는 것이

두려운가?

마음에 보이지 않는 것이

더 무섭다.

태산은 흙 한 줌을

소중히 여기기에

큰 산을 이룬 것이다.

입이 하나이고

귀가 둘인 이유는

말하기보다 듣기를

두 배로 하라는 뜻이다.

217

높은 자리에

앉을 수 있더라도

몇 칸 낮은 자리에 앉아라.

스스로를 높이면

남의 표적이 되지만

자기를 낮추면

사람들이 알아서 높여준다.

218

죽기 전에 하루정도는

반드시 참회해야 한다.

그러므로 우리는 평생

참회하며 살아야 한다.

언제 죽을지 모르므로.

높은 자리에

앉을 수 있더라도

몇 칸 낮은 자리에 앉아라.

스스로를 높이면

남의 표적이 되지만

자기를 낮추면

사람들이 알아서 높여준다.

죽기 전에 하루정도는

반드시 참회해야 한다.

그러므로 우리는 평생

참회하며 살아야 한다.

언제 죽을지 모르므로.

하루 5분 찬찬히 따라 쓰며 마음을 다지는 소소한 습관

219

인생에서 가장 큰 영광은
넘어지지 않는 게 아니라
매번 일어선다는 데에 있다.

220

사랑은
확인하지 않으며,
다만 끝없는 지지를
보내주는 것이다.

221

가벼이 승낙하지 말고,
승낙했거든
반드시 지켜라.

인생에서 가장 큰 영광은
넘어지지 않는 게 아니라
매번 일어선다는 데에 있다.

사랑은
확인하지 않으며,
다만 끝없는 지지를
보내주는 것이다.

가벼이 승낙하지 말고,
승낙했거든
반드시 지켜라.

222

작은 것에 이기려

애쓰지 않아야

큰 것을

얻을 수 있다.

223

맑은 뜻을 전하면 족하다.

많은 말은 오히려

그 뜻을 묻어버린다.

224

진정한 사랑을 바란다면

순탄하기만을 바라지 말라.

진정한 행복도 마찬가지다.

작은 것에 이기려
애쓰지 않아야
큰 것을
얻을 수 있다.

맑은 뜻을 전하면 족하다.
많은 말은 오히려
그 뜻을 묻어버린다.

진정한 사랑을 바란다면
순탄하기만을 바라지 말라
진정한 행복도 마찬가지다

225

모든 발전은
안전구역 밖에서
이루어진다.

226

자기가 가장 되고픈
사람과 어울려라.
당신의 미래는
어울렸던 사람들의
평균값일 것이다.

227

돈은 휘발유와
같은 것이다.
내 인생의 차를
달리게 하지만
주유소를 찾기 위해
인생을 사는 것은 아니다.

모든 발전은

안전 구역 밖에서

이루어진다.

자기가 가장 외로운

사람과 어울려라

당신의 미래는

어울렸던 사람들의

평균값일 것이다.

돈은 휘발유와

같은 것이다.

내 인생의 차를

달리게 하지만

주유소를 찾기 위해

인생을 사는 것은 아니다.

228

질병은 입으로 들어가고
재앙은 입에서 나오곤 한다.
그래서 입을 지키는 것이다.

229

행복이란,
타인을 행복하게
해주다 보면
문득 이르러 있는
파라다이스다.

230

듣다 보면
지혜가 영글고,
주절대다 보면
후회가 싹튼다.

질병은 입으로 들어가고

재앙은 입에서 나오곤 한다.

그래서 입을 지키는 것이다.

행복이란,

타인을 행복하게

해주다 보면

문득 이르러 있는

파라다이스다.

듣다 보면

지혜가 영글고,

주절대다 보면

후회가 싹튼다.

231

지나간 하루는
다시 오지 않고,
흘린 시간은
주워담을 수 없다.

232

말을 많이 하는 것과
말을 잘 하는 것은 다르다.
그것도 아주 많이
다른 것이다.

233

힘으로 사람을
복종시키려 말고,
덕으로 사람을
고개 숙이게 하라.

지나간 하루는

다시 오지 않고,

흘린 시간은

주워 담을 수 없다.

　　　말을 많이 하는 것과

　　　말을 잘 하는 것은 다르다.

　　　그것도 아주 많이

　　　다른 것이다.

힘으로 사람을

복종시키려 말고,

덕으로 사람을

고개 숙이게 하라.

234

작은 일에
참지 못하면
큰 일이
주어지겠는가?

235

행동은 남보다
먼저 하고,
말은 남보다
뒤에 하라.

236

힘으로 유지해야만 하는
모든 것은 알고 보면
불운이며 재앙이다.

작은 일에

참지 못하면

큰 일이

주어 졌는가?

행복은 남보다

먼저 하고,

말은 남보다

뒤에 하라.

힘으로 유지해야만 하는

그들 것은 늙고

늙은이며 재앙이고

237

세 가지 보배를 준다면
이것이니 자비와
검약과 겸허함이다.

238

노인인데 웃지 않는다면
그 일생은 잘못 산 것이
아니겠는가?

239

죄는 미워하되
그 사람은 사랑하라.
그렇다면 사랑하지
못할 사람이 누구인가?
그런 사람을 자비라 한다.

세 가지 보배를 준다면
이것이니 자비와
검약과 겸허함이다.

　　　노인인데 웃지 않는다면
　　　그 일생은 잘못 산 것이

　　　아니겠는가?

그는 미워하되
그 사람은 사랑하라.
그렇다면 사랑하지
못할 사람이 누구인가?
그런 사랑을 자비라 한다.

240

버들가지는
약하나
다른 나무를
묶는다.

241

살아가는 기술이란
하나의 목표를 잘 골라
그곳에 전력을
쏟아붓는 것이다.

242

들이마신 숨은
언젠가 뱉어야 한다.
돈, 명예, 권력도
마찬가지다.

버들가지는

약하나

다른 나무를

싫어하는 것을 안

하나의 목표를 잘 골라

2포기 전력을

쏟아 붓는 것이다

필사를 하는 동안에는 오직 펜 끝이 종이에 닿는 소리,

그리고 글의 흐름에만 집중하게 된다. 복잡한 생각과 걱정은 사라지고,

오직 나와 글만이 존재하는 고요한 시간이 찾아온다.

243

인생에서 고통을
줄이는 묘법이 있으니
이익에 대해 관심을
대폭 줄이는 것이다.

244

한때의 분노를 참으면
백일의 근심을
모면하게 된다.

245

게으름은 쇠붙이의
녹과 같아서
노동보다 더 심신을
소모시킨다.

인생에서 고통을

줄이는 모범이 있으니

이익에 대해 관심을

더 줄이는 것이다

한때의 분노를 참으면

백일의 근심을

모면하게 된다

걱정은 쇠붙이의

녹과 같아서

노동보다 더 심신을

소모시킨다.

246

지금의 기회는
잠시 머무는 새와 같아서
한 번 날아가면
다시는 돌아오지 않는다.

247

도박이나 복권은
불확실한 것을
얻기 위해서
확실한 것을
거는 내기다.

248

멀리 사려하지 않으면
가까운 날에
근심이 다가온다.

지금의 기회는

잠시 머무는 새와 같아서

한 번 날아가면

다시는 돌아오지 않는다.

도박이나 복권은

불확실한 것을

얻기 위해서

확실한 것을

거는 내기다.

멀리 사려하지 않으면

가까운 날에

근심이 다가온다.

249

한 번 실수하는 것보다
두 번 묻는 것이 낫다.

250

내가 가진
가장 좋은 것을
세상에 줘라.
그러면 최상의 것이
내게 돌아오리라.

251

무지는 수치가 아니다.
배우려 하지 않는다면
그것이야말로
수치스러운 것이다.

한 번 실수하는 것보다
두 번 묻는 것이 낫다.

내가 가진
가장 좋은 것을
세상에 줘라.
그러면 최상의 것이
내게 돌아오리라.

무지는 수치가 아니다.
배우려 하지 않는다면
그것이야말로
수치스러운 것이다.

252

남을 따르는 법을
알지 못하는 이는
남을 지도할 수 없다.

253

나사를 열심히
돌리는 것보다는
어떤 방향으로
돌리느냐가 중요하다.

254

만약 그 용기가
정당한 것이라면
무엇도 이길 수 있으며
무엇도 해낼 수 있다.

남을 따르는 법을

알지 못하는 이는

남을 지도할 수 없다.

나사를 열심히

돌리는 것보다는

어떤 방향으로

돌리느냐가 중요하다.

만약 그 용기가

정당한 것이라면

무엇도 이길 수 있으며

무엇도 해낼 수 있다.

255

상대가 요청하기 전에
함부로 충고하지 말라.
세상에서는 그것을 일러
흔히 '무례'라고 한다.

256

우주를 한 사람으로
축소시키고,
그 한 사람을
신으로 확장하는 것이
사랑이다.

257

친절한 한마디는
봄볕보다 따사롭다.

상대가 요청하기 전에

함부로 충고하지 말라.

세상에서는 그것을 일러

흔히 '무례'라고 한다.

우주를 한 사람으로

축소시키고,

그 한 사람을

신으로 확장하는 것이

사랑이다.

친절한 한마디는

봄볕보다 따사롭다.

258

운동으로 육체를
다스리듯이
독서로 정신을
다스려라.

259

진정 큰 것을
이루려는 자는
자존심도 접을 수
있어야 한다.

260

무소유란 아무것도
가지지 않는 것이 아니라
불필요한 것을
가지지 않는 것이다.

운동으로 육체를

다스리듯이

독서로 정신을

다스려라.

진정 큰 것을

이루려는 자는

자존심도 접을 수

있어야 한다.

무소유란 아무것도

가지지 않는 것이 아니라

불필요한 것을

가지지 않는 것이다.

261

생각이 적은
사람일수록
떠드는 게
많아진다.

262

내 삶을 남과
비교하지 말고
내 꿈과
비교해 보라.

263

한가지 이익을 찾아
추구하는 것보다
한가지 해로움을 찾아
없애는 게 좋다.

생각이 적은
사람일수록
떠드는 게
많아진다.

내 삶을 남과
비교하지 말고
내 꿈과
비교해 보라.

한 가지 이익을 찾아
추구하는 것보다
한 가지 해로움을 찾아
없애는 게 좋다.

264

대문자만으로 된
책은 읽기 어렵다.
휴일밖에 없는
인생도 그와 같다.

265

훌륭한 어르신이란
나이가 많은
이가 아니라
지혜가 깊어진
분을 뜻한다.

266

내 언어의 한계는
내 세계의 한계를
의미한다.

대문자만으로 된

책은 읽기 어렵다

휴일밖에 없는

인생도 그와 같다.

훌륭한 어르신이란

나이가 많은

이가 아니라

지체가 길어진

분을 뜻한다.

내 언어의 한계는

내 세계의 한계를

의미한다.

267

매일 단 한가지라도
더 나아지도록 하라.
그러면 당신은
새로워진 것이다.

268

하늘을 공경하고,
땅을 소중히 하며,
사람을 사랑하라.

269

아주 짧은 시간이라도
가벼이 여기지 말라.
계절이 바뀌는 것도
아주 짧은 시간일 것이다.

매일 단 한가지라도
더 나아지도록 하라.
그러면 당신은
새로워진 것이다.

하늘을 공경하고,
땅을 소중히 하며,
사람을 사랑하라.

아주 짧은 시간이라도
가벼이 여기지 말라.
계절이 바뀌는 것도
아주 짧은 시간일 것이다.

270

근면함을
한결같이 하면
세상에 어려운
일이 없다.

271

구부러진 나무를
심어놓고
그 그림자가 곧길
바라지 말라.

272

부끄러움을
모르는 것만큼
부끄러운 것이 없다.

근면함을
한결같이 하면
세상에 어려운
일이 없다.

구부러진 나무를
심어놓고
그 그림자가 곧길
바라기 말라.

부끄러움을
모르는 것만큼
부끄러운 것이 없다.

273

매일 밤 잠들면서
나는 죽는다.
그리고 매일 아침
나는 다시 태어난다.

274

오늘이
마지막인 듯이 살고
영원히
살 것처럼 배워라.

275

사실을 잘못 아느니
모르는 편이 낫다.

매일 밤 잠들면서
나는 죽는다.
그리고 매일 아침
나는 다시 태어난다.

오늘이
마지막인 듯이 살고
영원히
살 것처럼 배워라.

사실을 잘못 아느니
모르는 편이 낫다.

276

사람의 얼굴은
마음의 간판이고,
그의 매무새는
삶의 기록이다.

277

진리를 보려거든
조각조각 보려
하지 말고
전체를 보라.

278

주먹을
꽉 쥔 손과는
악수할 수 없다.

사람의 얼굴은

마음의 간판이고,

그의 매무새는

삶의 기록이다.

진리를 보려거든

조각조각 보려

하지 말고

전체를 보라.

주먹을

꽉 쥔 손과는

악수할 수 없다.

279

생각 없이 살다 보면
살아지는 대로
생각하게 된다.

280

구름이나 소나기가
없이는 결코 무지개가
뜨지 않는다.

281

모든 공포는
믿음의 결핍으로
생긴다.

생각 없이 살다 보면

살아지는 대로

생각하게 된다.

구름이나 소나기가

없이는 결코 무지개가

뜨지 않는다.

모든 공포는

믿음의 결핍으로

생긴다.

282

죄의 절반은

고백함으로써

용서받는다.

283

과거를 후회하는 것과

미래를 두려워하는 것은

우리에게 주어진 기회를

약탈하는 도둑이다.

284

아침에 당신을

벌떡 깨울 수 있는

꿈을 가져야 한다.

죄의 절반은

고백함으로써

용서받는다.

과거를 후회하는 것과

미래를 두려워하는 것은

우리에게 주어진 기회를

약탈하는 도둑이다.

아침에 당신을

벌떡 깨울 수 있는

꿈을 가져야 한다.

285

여경이 닥치기 전에는
자신의 능력을 모른다.

286

어떤 문제나
괴로움에도 듣는
명약이 있으니
그것을
'인내'라고 한다.

287

행복을 추구하는 일은
불행의 원인 중 하나다.

역경이 닥치기 전에는
자신의 능력을 모른다.

어떤 문제나
괴로움에도 듣는
명약이 있으니
그것을
'인내'라고 한다.

행복을 추구하는 일은
불행의 원인 중 하나다.

288

진정한 영업은
고객이 물건을
구매한 후부터
시작된다.

289

행복지수는
비교지수와
반비례한다.

290

집에 돈을 많이
쌓는 것보다
머리에 좋은 책을
많이 쌓는 것이 낫다.
그것은 누구도
훔쳐 가지 못한다.

진정한 영업은
고객이 물건을
구매한 후부터
시작된다.

행복지수는
비교지수와
반비례한다.

집에 돈을 많이
쌓는 것보다
머리에 좋은 책을
많이 쌓는 것이 낫다.
그것은 누구도
훔쳐가지 못한다.

291

진실만큼
아름다운 것이 없고,
진실만큼
영원한 것도 없다.

292

작게 시작하라.
그것이 가장 빨리
성공하는 길이다.

293

마음에 있지 않으면
보아도 보이지 않고,
들어도 들리지 않으며,
먹어도 그 맛을
알지 못한다.

진실만큼
아름다운 것이 없고,
진실만큼
영원한 것도 없다.

자꾸 시작하라.
그것이 가장 빨리
성공하는 길이다.

마음에 있지 않으면
보아도 보이지 않고,
들어도 들리지 않으며,
먹어도 그 맛을
알지 못한다.

294

사람들은

해답을 알지만

부정하고 싶을 때

조언을 구한다.

295

평생 착하게 살아도

한번 말 잘못하면

무너진다.

296

사랑의 종류는

하나 밖에 없다.

하지만 그 표현은

수만가지가 넘는다.

사람들은

해답을 알지만

부정하고 싶을 때

조언을 구한다.

평생 착하게 살아도

한번 말 잘못하면

무너진다.

사랑의 종류는

하나 밖에 없다.

하지만 그 표현은

수만가지가 넘는다.

297

빛을 퍼뜨리는
두 가지 방법이 있다.
촛불이 되거나
촛불을 비추는
거울이 되는 것이다.

298

잔잔한 바다에서는
유능한 선장이
만들어지지 않는다.

299

정원은 꽃으로 채우고
집은 책으로 채워라.

빛을 퍼뜨리는

두 가지 방법이 있다.

촛불이 되거나

촛불을 비추는

거울이 되는 것이다.

잔잔한 바다에서는

유능한 선장이

만들어지지 않는다.

정원은 꽃으로 채우고

집은 책으로 채워라.

300

계란은 남이 깨주면
계란프라이가 되지만
스스로 깨고 나오면
병아리가 된다.

301

자비는 모든 시간을
재구성하고
모든 것을
새롭게 만든다.

계란은 남이 깨주면
계란프라이가 되지만
스스로 깨고 나오면
병아리가 된다.

자비는 모든 시간을
재구성하고
모든 것을
새롭게 만든다.

마음에 와닿는 문장을 필사하며, 그 문장이 내게 어떤 의미인지 되새기는 과정은 삶을 돌아보고 나를 만나는 성찰의 기회가 된다. 필사한 글들이 쌓여 나만의 기록이 되고, 이는 곧 나의 성장을 증명하는 흔적이 된다.

302

아름다운 입술을 갖고 싶으면
친절한 말을 하라.
사랑스러운 눈을 갖고자 하면
사람들의 좋은 점을 보아라.
날씬한 몸매를 원하면 음식을
배고픈 이와 나눠라.

303

날이 항상 맑으면
사막이 된다.
비가 내리고
바람이 불어야만
비옥한 땅이
되는 법이다.

아름다운 입술을 갖고 싶으면

친절한 말을 하라.

사랑스러운 눈을 갖고자 하면

사람들의 좋은 점을 보아라.

날씬한 몸매를 원하면 음식을

배고픈 이와 나눠라.

날이 항상 맑으면

사막이 된다.

비가 내리고

바람이 불어야만

비옥한 땅이

되는 법이다.

304

행복을 생산하는
공장이 있다면
그 공장을 가동하는
원료는 웃음이다.

305

일상을
바꾸지 않는 한
인생은
바뀌지 않는다.

306

즐거운 곳에서의 즐거움은
참다운 즐거움이 아니며,
어려움 가운데 즐거움이
생의 참맛이다.

행복을 생산하는
공장이 있다면
그 공장을 가동하는
원료는 웃음이다

일상을
바꾸지 않는 한
인생은
바뀌지 않는다.

즐거운 곳에서의 즐거움은
참다운 즐거움이 아니며,
어려움 가운데 즐거움이
생의 참맛이다.

307

깊은 물은
돌을 던져도
출렁대지 않는다.

308

재능은
한계가 있지만
노력은
한계가 없다.

309

누구도 미워하지 말고
누구에게도 집착하지 말라.
그것이 처세의 핵심이다.

깊은 물은

돌을 던져도

출렁대지 않는다

재능은

한계가 있지만

노력은

한계가 없다.

누구도 미워하지 말고

누구에게도 집착하지 말라

그것이 처세의 핵심이다.

310

남 모르게 덕이 있는 이는
밝은 보답이 있고,
남 모르게 선을 행하는 이는
반드시 빛나는 명예가 온다.

311

속인의 삶이
헤매는 것이라면
현자의 삶은
여행하는 것이다.

312

초기의 두려움을
두려워해서는 안되며,
오래 지속되는
안정을 믿지 말라.

남 모르게 덕이 있는 이는
밝은 보답이 있고,
남 모르게 선을 행하는 이는
반드시 빛나는 명예가 온다.

속인의 삶이
헤매는 것이라면
현자의 삶은
여행하는 것이다.

초기의 두려움을
두려워해서는 안되며,
오래 지속되는
안정을 믿지 말라.

313

남의 비난을 막으려면
나를 닦아야 한다.
그러면 비난받지 않을뿐더러
비난이 날아와도
아프지 않다.

314

큰 부자는
하늘이 내고,
작은 부자는
근면이 낸다.

315

자신을 낮추라.
그러면 거꾸러질
자리가 없다.

나의 비난을 막으려면

나를 닮아야 한다.

그러면 비난받지 않을뿐더러

비난이 날아와도

아프지 않다.

큰 부자는

하늘이 내고,

작은 부자는

근면이 낸다.

자신을 낮추라.

그러면 거꾸러질

자리가 없다.

316

친구를 갖는다는 것은
하나의 인생을
맞아들이는 것이다.

317

꽃은 반쯤 피었을 때가
아름답고,
술은 반쯤 취했을 때가
가장 좋다.

318

지위가 없음을
걱정하지 말고
지위를 얻을
실력이 있는지를
걱정하라.

친구를 갖는다는 것은
하나의 인생을
맞아들이는 것이다.

꽃은 반쯤 피었을 때가
아름답고,
술은 반쯤 취했을 때가
가장 좋다.

지위가 없음을
걱정하지 말고
지위를 얻을
실력이 있는지를
걱정하라.

319

훔쳐도
좋은 것이 있으니
다른 사람의
좋은 습관이다.

320

세 가지 이익이 있다면
세 가지 어려움도 있다.
물론 그 반대도
마찬가지다.

훔쳐도
좋은 것이 있으니
다른 사람의
좋은 습관이다.

세 가지 이익이 있다면
세 가지 어려움도 있다.
물론 그 반대도
마찬가지다.

321

만족할 줄 모르면 늘 억울하고
참지 못하면 스스로
들끓을 것이나,
만족할 줄 알면 늘 즐거우며
참을 수 있다면
스스로 평안할 것이다.

322

직업 안에서
행복을 찾아라.
그렇지 못한다면
어디에서도 행복을
찾지 못할 것이다.

만족할 줄 모르면 늘 억울하고

참지 못하면 스스로

들끓을 것이나,

만족할 줄 알면 늘 즐거우며

참을 수 있다면

스스로 평안할 것이다.

직업 안에서

행복을 찾아라.

그렇지 못한다면

어디에서도 행복을

찾지 못할 것이다

323

새로운 실수는
괜찮다.
같은 실수를
반복하는 것을
두려워 하라.

324

자신의 욕망에
한계선을 긋는 것도
스스로 마땅히
해야 할 일이다.

325

열매 맺지 않는
꽃은 심지 말고,
의리 없는 벗은
사귀지 말라.

새로운 실수는
괜찮다.
같은 실수를
반복하는 것을
두려워 하라.

자신의 욕망에
한계선을 긋는 것도
스스로 마땅히
해야 할 일이다.

열매 맺지 않는
꽃은 심지 말고,
의리 없는 벗은
사귀지 말라.

326

소인은 이익에 밝고
군자는 의리에 밝다.
그래서 소인은
항상 걱정하고
군자는 늘
당당한 것이다.

327

모든 일은 준비하면
이루어지고,
준비하지 않으면
어그러진다.

328

말할 때는
행동할 것을 고려하고,
행할 때는
말한 것을 상기하라.

소인은 이익에 밝고

군자는 의리에 밝다.

그래서 소인은

항상 걱정하고

군자는 늘

당당한 것이다.

모든 일은 준비하면

이루어지고,

준비하지 않으면

어그러진다.

말할 때는

행동할 것을 고려하고,

행할 때는

말한 것을 상기하라.

329

덕이 있는 사람은
외롭지 않나니
반드시 이웃이
있게 마련이다.

330

처음엔 털 끝 만한 차이가
나중에 가면
천리나 어긋나게 된다.
작은 실수도 처음에는
마음에 걸리나
나중에는 큰 죄업조차
아무렇지 않게 되는 것이다.

덕이 있는 사람은

외롭지 않나니

반드시 이웃이

있게 마련이다.

처음엔 털 끝 만한 차이가

나중에 가면

천 리나 어긋나게 된다.

작은 실수도 처음에는

마음에 걸리나

나중에는 큰 죄업조차

아무렇지 않게 되는 것이다.

331

법이 복잡해져도
새로운 악행이 쌓이지만
도덕이 살아나면
법률은 간소해진다.

332

낡은 견해를
씻어낼 때마다
새로운 뜻이
빛나게 된다.

333

흐르는 물을
거울 삼으려 말고
멈춘 물을 거울 삼아라.
감정도 마음도
물과 같다.

법이 복잡해져도
새로운 악행이 쌓이지만
도덕이 살아나면
법률은 간소해진다.

낡은 견해를
씻어낼 때마다
새로운 뜻이
빛나게 된다.

흐르는 물을
거울 삼으려 말고
멈춘 물을 거울 삼아라.
감정도 마음도
물과 같다.

334

좋은 사람을 사귀는
최선의 방법은
내가 좋은 사람이
되는 것이다.

335

남이 나를
알아주지 않음을
겨정 말고,
내가 남을
이해하지 못함을
겨정하라.

336

세 사람이 길을 가면
그 중 반드시
나의 스승이 될만한
이가 있다.

좋은 사람을 사귀는
최선의 방법은
내가 좋은 사람이
되는 것이다.

남이 나를
알아주지 않음을
걱정 말고,
내가 남을
이해하지 못함을
걱정하라.

세 사람이 길을 가면
그 중 반드시
나의 스승이 될 만한
이가 있다.

337

내가 진실로
알게 된 것은
내가 아무것도
모른다는 것이다.

338

여백의 아름다움을
안다면 적은 것에
만족하고 감사할 줄
알게 된다.

339

천리길도
한 걸음부터,
만리장성도
벽돌 하나부터.

내가 진실로
알게 된 것은
내가 아무것도
모른다는 것이다.

여백의 아름다움을
안다면 적은 것에
만족하고 감사할 줄
알게 된다.

천리길도
한 걸음부터,
만리장성도
벽돌 하나부터.

340

위로 비교하면
늘 모자라고,
아래로 비교하면
늘 남는다.

341

부는 집을
윤택하게 하고,
덕은 심신을
윤택하게 한다.

342

행복과 안전에
머무르려 하지 말라.
행복과 고통의 경계선이
인생을 살아있게 만든다.

위로 비교하면
늘 모자라고,

아래로 비교하면
늘 남는다.

부는 짐을
윤택하게 하고,
덕은 심신을
윤택하게 한다.

행복과 안전에
머무르려 하지 말라.
행복과 고통의 경계선이
인생을 살아있게 만든다.

343

고난이 닥쳤을 때
동요하지 않는다면
그 사람은 위대한
인물이라는 증거다.

344

옛사람들의 말을
거울 삼아 살아가면
그르칠 일이 적다.

345

남의 문제를 끝까지
따지려 하지 말라.
따져 살핀 자리마다
의심의 꽃이
피어나는 법이다.

고난이 닥쳤을 때

동요하지 않는다면

그 사람은 위대한

인물이라는 증거다.

옛사람들의 말을

거울 삼아 살아가면

그르칠 일이 적다.

남의 문제를 끝까지

따지려 하지 말라.

따져 살핀 자리마다

의심의 꽃이

피어나는 법이다.

346

작은 악이라고
행하지 말고,
조촐한 선이라고
사양하지 말라.

347

겸손하면
벗을 얻게 되고,
이기려는 마음은
적을 창조하게 된다.

348

세상을 위해,
또 남을 위해
도움이 되지 않는 일은
하지 말고
돌아보지도 말라.

작은 아이라고
행하지 말고,
조촐한 선이라고
사양하지 말라.

겸손하면
벗을 얻게 되고,
이기려는 마음은
적을 창조하게 된다.

세상을 위해,
또 남을 위해
도움이 되지 않는 일은
하지 말고
돌아보지도 말라.

349

앞 수레가
엎어진 것을 보고
뒤 수레는
교훈을 얻어 그 전철을
밟지 않는다.

350

작은 이익에
집착하면
큰 이익이
보이지 않는다.

351

마음이 편할 때
입을 열어라.
마음이 불편할 때
입을 열면 요괴들이
쏟아져 나올지 모른다.

앞 수레가

엎어진 것을 보고

뒤 수레는

교훈을 얻어 그 전철을

밟지 않는다.　　　작은 이익에

　　　　　　　집착하면

　　　　　　　큰 이익이

　　　　　　　보이지 않는다.

　마음이 편할 때

　입을 열어라.

　마음이 불편할 때

　입을 열면 요괴들이

　쏟아져 나올지 모른다.

352

내가 원치 않는 것을
남에게 베풀지 말라.

353

백 번 싸워서
백 번 이긴다 해도
그것이
최선책은 아니다.

354

착한 일을 해라.
무엇보다 즐거운 일은
바로 착한 일을
하는 것이다.

내가 원치 않는 것을
남에게 베풀지 말라.

백 번 싸워서
백 번 이긴다 해도
그것이
최선책은 아니다.

착한 일을 해라.
무엇보다 즐거운 일은
바로 착한 일을
하는 것이다.

355

지혜와 권능의 빛을

안으로 갈무리하고

세상의 먼지 속에

부합하여 살라.

356

스스로 자기 마음

안에서 찾는 이는

매사가 약이며 보배다.

357

빨리 피는 꽃은

지는 것도 빠르며,

오래 엎드린 새가

높이 날아오른다.

지혜와 권능의 빛을

안으로 갈무리하고

세상의 먼지 속에

부합하여 살라.

스스로 자기 마음

안에서 찾는 이는

매사가 약이며 보배다.

빨리 피는 꽃은

지는 것도 빠르며,

오래 엎드린 새가

높이 날아오른다.

358

덕을 행함에

있어서는

그 누구에게도

양보하지 말라.

359

태도는 차분하고,

의욕은 뜨거우며,

가슴은 텅 비우고,

배짱은 두둑해야

무슨 일이든

할 수 있다.

360

어려운 책도

여러 번 읽으면

그 뜻이 스르르

떠올라온다.

덕을 행함에
있어서는
그 누구에게도
양보하지 말라.

태도는 차분하고,
의욕은 뜨거우며,
가슴은 텅 비우고,
배짱은 두둑해야
무슨 일이든
할 수 있다.

어려운 책도
여러 번 읽으면
그 뜻이 스르르
떠올라온다.

361

인생을 즐기되,
지나치지 말라.

362

좋은 일은 이루는데
오래 걸리나
나쁜 일이 이뤄지는 것은
순식간이다.
어찌 조심하지 않으랴?

363

남을 대하기를
자기 대하듯 하라.
그러다보면 서로가
배려하고 서로
이롭게 나아간다.

인생을 즐기되,
지나치지 말라.

좋은 일은 이루는데
오래 걸리나
나쁜 일이 이뤄지는 것은
순식간이다.
어찌 조심하지 않으랴?

남을 대하기를
자기 대하듯 하라.
그러다보면 서로가
배려하고 서로
이롭게 나아간다.

하루 5분 잔잔히 따라 쓰며 마음을 다지는 소소한 습관

364

한 해의 가장

큰 행복은

한 해의 마지막에서

그 해의 처음보다 훨씬

나아진 자신을

느낄 때이다.

365

최선을 다하고

하늘의 뜻을

기다려라.

한 해의 가장

큰 행복은

한 해의 마지막에서

그 해의 처음보다 훨씬

나아진 자신을

느낄 때이다.

최선을 다하고

하늘의 뜻을

기다려라.